La vida secreta del

PAPA JUAN PABLO II

La vida secreta del
PAPA JUAN PABLO II

Lino Zani

con

Marilù Simoneschi

SAINT BENEDICT PRESS
Charlotte, North Carolina

Spanish Translation by Helena Faccia Serrano.

Cover design by Chris Pelicano.

Cover photos used with permission. Courtesy of L'Osservatore Romano (PhotoVat.com).

ISBN: 978-1-61890-405-8

Published in the United States by
Saint Benedict Press, LLC
P.O. Box 410487
Charlotte, NC 28241
www.saintbenedictpress.com

Printed and bound in the United States of America.

ÍNDICE

PRÓLOGO

ES sabido que el Papa Wotjyla amaba la montaña y se identificaba plenamente con la paz de ese mundo. Pero no muchos saben, en cambio, que existe un testigo ocular de lo que ha sido su excepcional relación con esa parte de la Creación. Se llama Lino Zani, primero maestro de esquí y guía alpina del pontífice y después, poco a poco, durante años, su compañero secreto de escapadas hacia las cimas, consumiendo paréntesis de vida activa y contemplativa, solitaria e intensa, pero siempre increíblemente absorbida de toda la personalidad y la "santidad" de ese hombre que, con su testimonio de fe, ha sacudido las conciencias del mundo. Narraciones inéditas de días, noches, emociones e intercambios humanos que han quedado obstinadamente encerrados en un silencio observado durante años pero que hoy, en presencia de un acontecimiento como la beatificación de Juan Pablo II, Lino Zani quiere romper. Es el modo más bello para compartir con el mundo entero el privilegio de haber participado en tantos y preciosos momentos de vida con ese Papa destinado, desde el día de su muerte, a convertirse en SANTO SUBITO[1]. Y hay, además, un "secreto" del Papa. Algo que nadie ha revelado jamás. La historia que está a punto de leer narra las experiencias del cuerpo y del espíritu a través de las cuales Juan Pablo II maduró – de manera completa y clara – la conciencia de encontrarse en el centro de un acontecimiento "prodigioso". *Él,* en una visión ofrecida por la Virgen a los pastorcillos de Fátima; *él,* en medio del esclarecimiento de sucesos que se habrían desarrollado a lo largo de todo un siglo. Por último, el paso dramático de algunos acontecimientos y la aparente "casualidad" que lo lleva a las montañas nevadas del Adamello. Delante de él, un "pequeño paraíso" en el que se sobreponen, sin embargo – como contraste del maravilloso espectáculo de la naturaleza – las imágenes de un escenario "infernal". El de la Primera Guerra Mundial: un pasado de muerte y odio, un odio que volvería más tarde, muchos años después, atentando contra su vida misma. Su destino, el sentido de su sufrimiento y de su extraordinaria existencia se hacen cada vez más comprensibles, claros, casi luminosos en su trágica evidencia. En ese preciso instante, todo se vuelve aceptable a sus ojos, necesario, atribuible a la voluntad de Dios.

1. Literalmente, "Santo Enseguida".

I

TRAS LAS HUELLAS DE UN SECRETO

[. . .] Y vimos en una inmensa luz qué es Dios: «algo semejante a como se ven las personas en un espejo cuando pasan ante él» a un Obispo vestido de Blanco «hemos tenido el presentimiento de que fuera el Santo Padre». También a otros Obispos, sacerdotes, religiosos y religiosas subir a una montaña empinada, en cuya cumbre había una gran Cruz de maderos toscos como si fueran de alcornoque con la corteza; el Santo Padre, antes de llegar a ella, atravesó una gran ciudad medio en ruinas y medio tembloroso con paso vacilante, apesadumbrado de dolor y pena, rezando por las almas de los cadáveres que encontraba por el camino; llegado a la cima del monte, postrado de rodillas a los pies de la gran Cruz fue muerto por un grupo de soldados que le dispararon varios tiros de arma de fuego y flechas; y del mismo modo murieron unos tras otros los Obispos, sacerdotes, religiosos y religiosas y diversas personas seglares, hombres y

> mujeres de diversas clases y posiciones. Bajo los dos brazos de la Cruz había dos Ángeles cada uno de ellos con una jarra de cristal en la mano, en las cuales recogían la sangre de los Mártires y regaban con ella las almas que se acercaban a Dios.
>
> Tuy-3-1-1944.
> el tercer secreto de Fátima.
> Extracto del texto del mensaje hecho público por la Iglesia en el 2000.

Hasta hace poco no sabía que el destino había decidido unir mi vida al significado profundo de estas palabras, hechas públicas por la Iglesia a distancia de tanto tiempo de su revelación original. Viviendo, creía haber conducido una especie de juego, en el cual las cosas estaban en su lugar gracias a mis esfuerzos, a mi trabajo y a mi persistencia. Había satisfecho gran parte de mis deseos. Ahora sé que no era así. Ahora sé que días, horas y minutos enteros de mi existencia se han sucedido según un proyecto preciso. A mi se me había concedido, meramente, adherirme a él. Y es lo que he hecho. Mi padre, Martino Zani, nacido en 1931, desde los quince años había sido porteador en el glaciar del Adamello, es decir, llevaba sobre los hombros, por cuenta de esquiadores y turistas, comida, bebida, equipamiento de montaña y otras vituallas, hasta la cima, a una altura de más de tres mil metros Él y sus hermanos, poco más que niños, avanzaban por una carretera larga y difícil que, partiendo del punto al cual llegaba un teleférico, trepaba hacia lo alto, con repentinas cuestas rocosas que pasaban por el Paso Brizio.

Cada día afrontaban unas ochos horas de camino para alcanzar el refugio del Adamello, un edificio tosco, bajo, con forma de paralelepípedo, construido inmediatamente después de la primera guerra mundial. El refugio surgía sobre lo que había quedado de un cuartel de los soldados alpinos[1], que incluía también un pequeño hospital de campo, al abrigo del magnífico escenario de la Lobbia Alta. Precisamente por allí pasaba la primera línea: escenarios magníficos y resplandecientes, nieves perpetuas. Pero bajo ese manto de cándida paz, la naturaleza había ocultado un teatro de terrible catástrofe: miles de muertos, soldados italianos y austro-húngaros que durante los interminables años del primer conflicto mundial se habían enfrentado en las cumbres de esas montañas.

Guerra cruenta, denominada "Guerra Blanca" precisamente porque se había combatido en medio del blanco perpetuo de las nieves. El Adamello es, de hecho, un macizo montañoso que en su punto más alto alcanza casi los 3.550 metros y allí, hasta 1918, estaba la frontera entre Italia y Austria. Precisamente esta zona vio avanzar a los soldados alpinos italianos en 1915, hasta donde surge el refugio Garibaldi. Los pobres soldados italianos resistieron hasta cuando, en 1918, los austriacos pusieron

---

1. Cuerpo de infantería especial de los alpinos, destinados preferentemente en regiones de montaña (es una especialidad creada en Italia en 1872) (N.T.).

en acto un ataque pugnaz e insidioso, cuyo objetivo era derribar la línea defensiva y anular de forma estratégica el avance italiano más allá del Piave. El frente del Tonale–Adamello no cedió, pero las pérdidas humanas fueron numerosas. Los que no murieron en los combates tuvieron que enfrentarse a la dureza de los tres inviernos siguientes, sucumbiendo en su gran mayoría. Sobrevivir se convirtió en una lucha trágica en esas nieves perpetuas y en ese territorio hostil, barrido por vientos y tormentas terribles, con la temperatura que, entonces como hoy, puede bajar a los cincuenta grados bajo cero. Precisamente en esa zona, unos diez años después de la guerra, tenía su sede también la más antigua escuela de esquí estivo de Italia, óptimamente organizada por la sección local del CAI[2] de Brescia.

En 1935, el padre de mi padre, el abuelo Melchiorre, había construido un campamento utilizando los restos de leña de las barracas de guerra. Estaba frente al cercano Paso de Salarno, a 3.168 metros de altura, y estaba compuesto por un refugio confortable con doble pared de madera, cubierto de planchas alquitranadas, con estufa y mesa para seis u ocho personas. En fin, mi familia, originaria de Temù, un pueblecito del valle inferior, durante generaciones se había ganado la vida con actividades de montaña, renovando ese pacto de mutua alianza entre

2. Club Alpino Italiano, creado el 23 de octubre de 1863 en Turín (N.T.).

las poblaciones locales y las cimas alpinas, majestuosas reinas de ese territorio.

Nosotros, los Zani, pertenecemos a esta tierra desde hace generaciones: aquí hemos soñado, reído, cantado, bebido, nos hemos enamorado, hemos sufrido, vivido y enterrado nuestros muertos, dándonos siempre cuenta, día tras día, de entablar un tácito, y a veces difícil, pacto con la naturaleza. Esa naturaleza que, sí, nos ha hecho nacer en unas condiciones de soberbia belleza pero, también, de fuerte intimidación por su poder sin límites. En mi primer recuerdo hay un cono de sombra que se hunde en las entrañas de la tierra, dispuesta a tragarme. Por sorpresa, ese peligro se resolvió en cambio, con un alegre salto, un revés que me lanzó en un "bautismo del riesgo" significativo como un rito de iniciación. Era el verano de 1961, tenía sólo cuatro años y por primera vez mi padre me llevó a la cima, hasta el refugio del Adamello. Partimos del refugio Garibaldi, a 2.550 metros, altura que papá y mamá manejaban en ese periodo. Caminamos durante cuatro horas seguidas.

Yo, mudo, subía y resistía: los pequeños pies en las nuevas botas de montaña, bellísimas, pero que a traición me llagaban la piel de los talones causándome ampollas muy dolorosas. Se necesitaba bastante rabia obstinada para seguir adelante sin decir nada y yo, evidentemente, la tenía: piedra tras piedra, en llano y a desnivel, a través de pendientes rocosas y de claros, en un recorrido que más adelante en la vida conocería palmo a palmo.

En un momento dado, una hendidura en el hielo, de las profundas – hasta cuarenta o cincuenta metros -, que el sol de julio forma con facilidad. A mi padre y a los otros adultos les bastó un ágil salto para superarla. Pero ninguno se atrevió a realizar el salto conmigo en sus brazos: habría bastado un momento de duda, un movimiento brusco por mi parte y habría acabado en el fondo. Entonces tendieron una cuerda de un lado a otro de la vorágine y al trozo sobrante de la misma ataron un mosquetón, girándolo alrededor de mi cintura, y así me arrastraron por encima del abismo. Si pienso en ello, me veo resbalar como una cáscara, vuelvo incluso a sentir en la boca el repentino afluir de mucha saliva, espía del miedo, que se mezcla con una pizca de euforia inconsciente. Muchas veces en mi vida he sentido como llegaba ese sabor, a borbotones y siempre aderezado por una efímera, transitoria felicidad. En 1969 mis padres dieron vida a un sueño que abrigaban desde hacía tiempo: gestionar y dirigir el Refugio *A los caídos del Adamello* (Trento). He aquí una crónica local de la época:

> "En 1970, primer año de la gestión de la familia Zani, continúa la obra de modernización interna gracias a la eficaz obra del infatigable Martino Zani. Se hacen nuevos revestimientos y suelos de madera, se completa la doble instalación de iluminación a gas y eléctrica, se barnizan los suelos de madera y se procede a la reparación extraordinaria de la carpintería interna y externa. Se construye una terraza de madera como

ampliación del patio interno, muy apreciado para las siestas al sol. Las obras del edificio incluyen el acueducto, los servicios higiénicos internos y el mantenimiento extraordinario del teleférico. La familia Zani ha anticipado la adquisición de un grupo electrógeno, y la construcción del relativo cobertizo, como también del bar, el frigorífico, la lavadora, la máquina de café y un telesquí. Después de estas intervenciones, en la Lobbia hay agua caliente y fría, energía eléctrica, un bar y alojamiento para cincuenta personas. En los baños hay tres lavabos y una ducha caliente; en la cocina hay un gran fregadero de acero inoxidable, el calentador de agua, frigorífico y lavadora. Hay suficiente energía eléctrica para la iluminación y uso doméstico. Se le ha dado la vuelta a todo el refugio: hay un nuevo suelo de madera en el salón y en la entrada, las paredes están machihembradas y pintadas, la carpintería restaurada. El mobiliario se ha completado con cincuenta nuevas camas, ciento veinte mantas y cien sábanas. Se han creado unas buenas condiciones para que viva quien lo tiene que gestionar, mientras el alpinista puede encontrar, hoy, hospitalidad y comodidad verdaderamente excepcionales a esas alturas. De todo ello, sin duda alguna, una gran parte del mérito la tiene la familia Zani, que dirige el refugio con inteligencia y habilidad, ejemplo de estrecha colaboración y unidad de intenciones entre los componentes del núcleo familiar. En efecto, toda la familia está comprometida en la gestión, y cada uno tiene su función. Desde el abuelo Melchiorre,

> que espera paciente la salida del teleférico en Bedole, a la esposa Carla, hábil directora de todo y de todos, pasando por Martino, infatigable trabajador, siempre lleno de nuevas ideas y nuevos trabajos, hasta llegar a los tres hijos mayores. En todos ellos es común, por encima del interés, la pasión por la montaña y el apego al refugio".

Por lo tanto, desde ese inicio de los años setenta, mi familia y yo siempre hemos vivido durante cinco o seis meses, desde la primavera al otoño, en el refugio. Allí he crecido como un animal en su hábitat. Los glaciares, las rocas, la nieve, el sol cegador que se adormece tarde, haciendo infinitos los días, que no quieren ceder a la oscuridad, como si de una noche nórdica se tratara.

Éramos cuatro muchachos, dos chicos y dos chicas: yo, el mayor, y Franco, un año más joven; después, Renata y Miriam. Franco y yo hemos transcurrido esos años en una dimensión de común identidad, nosotros solos, cómplices, siempre juntos, como si uno fuese el reflejo del otro, sin peso, ausentes si estamos separados. Nuestros padres trabajaban en el interior del refugio y nosotros dos, desde la mañana hasta el atardecer, éramos protagonistas de solitarias aventuras. El glaciar era nuestro parque de juegos: trepábamos, disparábamos a las piedras, esquiábamos incansables, cegados por la reverberación, al límite de nuestras fuerzas, en desniveles prohibitivos, de una manera ardua como si buscáramos esquivar el peligro enfrentándonos a él de manera descarada, libre y salvaje. Nuestro juego preferido era ir en busca de bombas de la primera guerra mundial para hacerlas explotar. Había muchísimas abandonadas en los alrededores.

En esos montes se desarrolló la que los historiadores definieron más tarde como la "Batalla de los Glaciares". Los Pasos de Lares y Cavento y las cimas del Dosson de Génova-Cresta y Monte Fumo fueron ocupados por los austriacos durante 1916. Los soldados alpinos, que esperaban conquistar estas zonas de forma pacífica, se dieron cuenta que no sería posible. Hubo combates durísimos, con enorme dispendio de municiones, pero también con lanzamiento de bombas "escupidas" por los italianos con un cañón 149G llamado "Hipopótamo", que fue alzado al Paso Venerocolo después de muchas peripecias.

Respondía otro cañón llamado "Giorgio", situado por los austriacos encima del refugio Mandrone. Resultado: inmensas pérdidas humanas, tanto que se cuenta que las extensiones de nieve se tiñeron del rojo de la sangre de esos pobres soldados. Y los que resultaron ilesos de las batallas se tuvieron que enfrentar, de todas formas, al peligro de muerte por congelación, teniendo que ingeniárselas como pudieron para sobrevivir a esa altitud. Para evitar, o por lo menos reducir al mínimo, similares hechos desastrosos para el ejército, se realizaron trabajos increíbles, como la larga galería de casi cinco kilómetros que, atravesando por dentro el glaciar, unía el Paso Garibaldi con el Paso de la Lobbia. Se construyeron numerosas barracas en los glaciares, conectadas a los valles inferiores mediante una increíble red de teleféricos. Por lo tanto, alrededor del refugio del Adamello surgió una aldea, una verdadera y propia ciudadela que al final del conflicto quedó abandonada. En esta narración, la ciudadela abandonada tiene una gran importancia. Recuerden. Con sus productos manufacturados que nosotros, habitantes de ese lugar encantado, hemos visto pudrirse y descomponerse con los años: hierro, madera, artefactos deteriorados por el tiempo y el hielo, como si la naturaleza se hubiese encargado de cancelar tanta destrucción, tanto ultraje a la vida perpetrado en el vientre blando de la guerra. Un día, ya adulto, se lo conté a alguien, ignorando que hablaba de un escenario que a la luz de cuanto habría entendido más tarde, había que ponerlo ante los ojos y la atención del mundo entero.

Volviendo a los despreocupados años de la infancia, puedo decir que, con el involuntario cinismo de los chicos, Franco y yo convertimos estos objetos del horror en nuestros inusuales juguetes. Las bombas nos atraían con su fascinación casi magnética. Las más grandes llegaban a pesar setenta kilos. A escondidas, las transportábamos a una superficie tranquila, encendíamos un fuego y las hacíamos explotar provocando en los alrededores un retumbo siniestro, ayudado por el eco que rebotaba entre las cumbres.

En verano, cuando reaparecían los restos de las barracas, subía hasta nuestras narices también el olor desagradable de la guerra: el hedor de la paja marchita, el punzante de la pólvora, en especial de la cordita y la balistita, el ácido del hierro roído por la herrumbre. A veces situábamos las bombas a una cierta distancia del refugio para gastar bromas terribles a los huéspedes, que dormían ignorantes. Hacia las diez de la noche hacíamos arder las fajinas de madera que habíamos situado alrededor del artefacto, para que tuvieran una combustión lenta. En la profundidad de la noche: ¡bum! Todos se despertaban y salían del refugio tal como estaban. Y nosotros, desde la ventana de nuestra habitación, mirábamos y reíamos con la irreverencia ligeramente grosera de la edad. Nuestro padre por un lado nos amenazaba y por el otro nos zurraba.

Pero era consciente que no habría servido de nada; sabía muy bien que para personas como nosotros, nacidos en condiciones ambientales tan particulares, la vida y la muerte jugaban al escondite prácticamente cada día. Las grietas que se abren repentinamente, las tormentas insidiosas e imprevisibles que, en pocos minutos, se desencadenan en las alturas, los aludes y todo el resto constituyen un ambiente que habla de muerte, pero que te enseña la vida. Hoy, recuerdo con un pellizco de consternación también el hecho que, de repente, mientras jugábamos, entre las nieves perpetuas surgía una calavera, un fémur, una tibia . pobres huesos arrojados por el hielo. Sólo un pequeño momento de sorpresa y, después, simplemente los recogíamos y recitábamos en voz baja: “Requiem aeternanm dona eis Domine, et lux perpetua luceat eis. Amen”.

Y después corríamos para avisar a los mayores, para que llamaran al capellán militar del IV Cuerpo de la Armada Alpina. Era él quien llegaba rápidamente, transportado por un helicóptero para cumplir con esa piadosa tarea. Depositados en una pequeña urna, los restos llegaban a un sagrario, construido en el Paso del Tonale. De vez en cuando, algún sacerdote de paso se detenía para una oración y una fugaz bendición y, en correspondencia con algunos días especiales, se desarrollaban ceremonias en sufragio de esos soldados destinados a permanecer siempre desconocidos. Hoy me gusta imaginar que junto a nosotros, acogiendo a esos míseros restos de nuestras manos, ignorantemente irrespetuosas, hubiera una legión de ángeles.

Eran ellos, estoy seguro, los que daban la bienvenida y velaban sobre esos soldados muertos en una feroz guerra olvidada. Pero, haciendo de contraste al recuerdo de tanto sufrimiento, a los signos aún evidentes de esa tragedia, a la pena por tantos hombres sepultados en un ataúd de hielo, estaba la extraña belleza de esos lugares. Al refugio del Adamello sólo se puede llegar a pie, después de una valiente caminata de cinco horas. Las vías principales de acceso son tres: desde el Valle de Génova, desde el Paso del Tonale y desde el refugio Garibaldi, situado más abajo. Por todos lados, un paisaje idéntico: bosques muy verdes con alerces, abetos y el imponente pino de montaña, un árbol bajo y un poco achaparrado, del cual se extrae una grappa fuerte y reconfortante. Poco a poco, la vegetación más lozana deja paso a los pastos de los dos mil metros, en la estación de verano acolchados por las estrellas alpinas más grandes y carnosas que haya visto jamás. Si se sigue subiendo, el verde claro deja el paso a la morena, es decir, a las piedras que surgen del glaciar en retirada y, después, a los montes bajos de rododendros si bien, en este punto, ya es difícil recorrer la zona.

Desde aquí empieza el glaciar y, de repente, se perfila el refugio, al inicio casi camuflado en la misma roca con la cual ha sido construido para después, a medida que uno se acerca, verlo más nítidamente, austero en su agreste simplicidad. Una vez llegados al refugio, un porche que pende sobre la Lobbia como un balcón muestra una extensión infinita de glaciares resplandecientes: es el *Pian di Neve*[3]. En un primer impacto, la visión de todo ese candor corta la respiración. Uno se siente como una paloma cansada, parada, que respira la paz: es un buen momento para dejar que el corazón, enloquecido por la dura escalada y el aire rarefacer , se torne más lento. Da la sensación que uno absorbe todo el reflejo de esa claridad, embriagándose de una sensación de omnipotencia, casi como si se pudiera tocar el cielo. Hay algunos bancos en ese patio abalconado y desde ese lado, al atardecer, llega la luz inclinada del sol que tiñe de rosa las nieves eternas con un efecto fantasmagórico. Poco a poco, mirando hacia abajo, se ve el cono de sombra

3. Llanura de Nieve (N.T.).

de la oscuridad que avanza para tragarse las montañas. Pero esa claridad dulce y tibia permanece durante largo tiempo, roza la noche regalando la sensación de gozar de un privilegio absoluto, de estar en un pedazo de paraíso que ha permanecido enredado en la tierra. Este es el espectáculo que recibe al visitante, este es el espectáculo que ha tenido un "ser especial" que llegó a esta zona de montaña por lo que entonces, erróneamente, consideré pura casualidad . . .

Cada año, a mediados de marzo, al inicio de la primavera, se abre el acceso al Refugio *A los Caídos del Adamello* y en ese periodo, dondequiera que me encuentre en el mundo, me coge un anhelo: volver. Obedezco de este modo a un código de pertenencia primitivo. Trepo hasta allí arriba con el corazón latiendo cada vez más fuerte, llego casi sin fuerzas, no tanto por el cansancio, sino por la emoción de volver a ese regazo que, festivamente, me vuelve a acoger en su calma irreal. Ese lugar, para quien le merezca la pena pararse un momento más, encontrando el valor de hurgar en su propio corazón, sólo puede aparecer como un reflejo de Dios. Hay una voz que llega al alma como un soplo y, con un destello, nos da una señal de su presencia. Una señal que, durante un instante muy breve, nos indica el camino que hay que tomar en ese momento de nuestra vida; es nuestra elección tomarlo . . . . o rechazarlo. Después se queda uno como aturdido y nota como aflora en sus labios una sonrisa un poco atontada.

Durante un largo e interminable instante se permanece atónito, mientras todo parece inmóvil, solemne, en presencia de algo que es muy grande para nosotros. Quien no cree podrá hablar de estupor frente a la majestuosidad de las montañas y de la naturaleza; pero les aseguro, se advierte la presencia de algo distinto y, aunque por poco tiempo, uno hace las paces verdaderamente con uno mismo. Poco a poco, con el pasar de los años, ese refugio se convirtió en la principal actividad de nuestra familia. Lo encontramos un poco malparado, deteriorado por los años y la falta de mantenimiento, que en situaciones climáticas similares son ciclos necesarios. Nosotros, los chicos, junto a nuestros padres, nos dedicamos con total entrega a mejorarlo, aunque manteniendo su aspecto original. En fin, trabajamos duro, con un fervor solícito y sin darnos cuenta del cansancio, como se hace sólo con las cosas que parecen pertenecernos y que reclaman nuestro amor y entusiasmo. En el arco de diez años, la escuela de esquí llegó a estar muy frecuentada. En los meses de verano había muchas solicitudes, que nos obligaba a hospedar a más de ciento cincuenta personas cada vez.

Franco y yo nos convertimos, apenas alcanzada la mayoría de edad, en maestros de esquí, iniciando una intensa actividad en la enseñanza de este deporte, mientras mamá y mis hermanas se ocupaban del funcionamiento doméstico y papá supervisaba la carga de las mercancías con el teleférico. Recuerdo esos años como los más bonitos de mi vida.

Una vez terminada la escuela, que frecuentábamos en Temù, literalmente huíamos a la montaña, al refugio, donde permanecíamos todo el verano. Pero cada año, la emoción más grande estaba representada por el momento en que, en primavera, se volvían a abrir los batientes para el inicio de la nueva estación. El portón de madera de la entrada estaba protegido por una placa de acero robusta y pesada y, entrando en al zaguán oscuro y frío, se percibía un olor a cerrado, a rancio, una opresión invernal que había que expulsar y dispersar en el aire perfumado por el viento primaveral.

Volver a dar aliento a esa gran casa, hacer resonar otra vez entre los muros nuestras carcajadas, los golpes, las carreras arriba y abajo por las escaleras, era la vida que volvía a expandirse, un proyecto que partía de nuevo, el sentido de continuidad de costumbres que calentaban el corazón. En primer lugar, los chicos nos armábamos con martillo y dábamos vueltas para desclavar las hojas de madera de las ventanas, puestas en el momento del cierre para impedir que los vientos imperiosos del invierno, que soplaban con fuerza, hicieran daños de forma irreparable, cuando la temperatura bajaba en picado hasta los treinta grados bajo cero.

La vida en el Refugio *A los Caídos del Adamello* se reanudaba oficialmente cuando la chimenea arrojaba la primera nube de humo acre, resultado de los grandes esfuerzos de papá: para encenderla de nuevo usaba periódicos y un encendedor, tosiendo y escupiendo, no sin haber antes liberado el tiro de la chimenea de la nieve. Durante dos o tres días la casa daba la impresión de ser un enorme oso que, poco a poco, se despertaba del letargo y que, sacudiendo su poderosa corpulencia, se liberaba del hielo del invierno. De este modo, los muros, las vigas, los suelos parecían descongelarse, disolverse al calor de nuestras voces, del fuego, de la vida que lentamente volvía a encenderse. El refugio, en el interior, estaba distribuido de la siguiente manera: un vestíbulo de entrada con un espacio para depositar las botas de montaña y las botas de nieve; a la izquierda, un pequeño bar en el cual los huéspedes que acababan de entrar, entumecidos de frío, podían beber algo caliente, y una pequeña puerta para acceder al lugar más vivo y frecuentado de la casa. Era esta una estancia amplia, iluminada por la luz natural procedente de grandes ventanas arqueadas. En ese salón, en el cual sobresalía una gran estufa de hierro fundido bien cargada de leña, había mesas, sillas y algunos aparadores para los platos y vasos. A la derecha una gran cocina bien equipada y una trascocina que también hacia las veces de despensa. Una escalera bastante empinada conducía a las dos plantas superiores, donde había dieciocho habitaciones y un gran dormitorio, con un total de cincuenta y cinco puestos; se podían añadir otros en la planta baja extendiendo en el suelo sacos o mantas.

Dormir en el suelo en ciertas condiciones es normal; por otra parte, los alpinistas no buscaban la comodidad y a veces llegaban al refugio casi al anochecer sin ni siquiera avisar por haberse visto obligados a retrasar el camino o por un pronóstico de mal tiempo. Dado que era el único refugio en varias horas de camino, teníamos que acogerlos a todos. Recuerdo que en ciertas ocasiones llegamos a hospedar hasta doscientas personas en una sola noche.

A los veinte años me había convertido en lo que nosotros llamamos un bel "gnaro"[4]. Un mechón rubio y rebelde sobre la frente, ojos de un azul brillante, regalo genético de papá a todos sus hijos, el bronceado permanente de quien tiene el privilegio de ganarse la vida en un lugar así. En verano trabajaba con toda la familia en la actividad del refugio; en invierno trabajaba con Franco en la escuela de esquí, que había creado en la localidad llamada Ponte di Legno. Ya había comprendido que ser maestro de esquí conllevaba un privilegio: llegar por la vía directa al corazón de las mujeres y, sin duda, me aprovechaba de ello.

Si durante el día el ritmo era frenético subiendo y bajando por las pistas, las noches tenían una actividad también intensa, siempre llevada a cabo con ligereza y un poco de ironía. En el fondo me parecía que, con mi galante disponibilidad, respondía a una oferta "prevista" en el paquete turístico . pero sin faltar al respeto y la sinceridad. Digamos que mis simpáticas alumnas eran muy conscientes de querer enriquecer la alegría de sus vacaciones añadiendo una pizca de efervescencia.

4. Su significado es "muchacho". Expresión en dialecto bergamasco (de Bérgamo, ciudad de la Lombardía, a unos 40km. de Milán). (N.T.).

Caballerosamente, me callaba sobre su identidad haciendo uso de mi galante discreción, y me prometía que cambiaría cuando me hubiera enamorado de verdad. Después de todo, no era ciertamente a mí al que se consideraba el "Casanova" de la familia: mi hermano Franco era mucho más guapo y audaz, sus conquistas amorosas eran verdaderamente innumerables. Él sabía hablar en serio al corazón de las mujeres y ha sido siempre un hombre muy fascinante: ojos muy claros y cabellos oscuros, era muy popular como maestro de esquí y en el *ars amandi*. Al Ganimedes que era yo, o que creía ser, me tocó sufrir, más o menos a los veinticinco años, un verdadero batacazo. Me había enamorado con un flechazo de Anna Rita, conocida como Iaia, una chica de Milán, bellísima, fascinante y también ella amante de la montaña. Era modelo y durante un cierto tiempo parecía que secundaba mi propensión a llevar una vida deportiva y sencilla, en contacto con la naturaleza e inmersa en mis montañas. Quería casarme con ella y por este motivo había hecho construir a toda prisa una bella casa en Temù, mi pueblo de origen que surge sobre un terreno próspero y aparentemente llano de la Alta Val Camonica. De repente comprendí que, justamente cuando has planificado tu vida con detalle, cuando das por descontado que lo que deseas ya se está perfilando, llega el coletazo que hace saltar todo por los aires.

Es en estos casos cuando se debe empezar a aplicar el ejercicio de la paciencia, descubrir una actitud que no nos debe faltar jamás a los seres humanos: la de saber medirse lo más serenamente posible con las contrariedades. De hecho, Iaia me dejó repentinamente, ya no amaba la vida de montaña y no me amaba a mí, y prefería un hombre de elecciones más usuales y mayor que ella. El hombre que, en efecto, después se convirtió en su marido. Un mazazo tremendo, al que reaccioné con falso *savoir-faire* . . . diciéndole brevemente: "Sigamos siendo amigos, permanece la estima; no te preocupes, respeto tu elección", pero en realidad, dañándome el alma y sufriendo muchísimo, aunque sin mostrarlo. El antídoto a ese dolor atroz fue, por lo menos, original: decidí ir a Alaska para escalar el McKinley, la montaña más alta de toda América del Norte con sus 6.194 metros. Recuerdo el día, o más bien, la noche en que, de pronto, decidí que reaccionaría al malestar con esa partida repentina. Ese recuerdo es como una cosmogonía grabada en la roca de mis montes: era el año 1981 y mi destino empezaba a divertirse arrastrándome lejos, como aún habría de suceder muchas veces y siempre con la alabanza de una nueva promesa de vida.

II

UN "REFUGIO" ADECUADO PARA EL PAPA

UNOS años antes de mi partida, en Roma y, más concretamente, en el Vaticano, un suceso había despertado la atención y la conmoción de todo el mundo. La tarde del 16 de octubre de 1978 Karol Wotjyla había sido elegido al Solio Pontificio, convirtiéndose en el Papa Juan Pablo II, el Papa venido del Este. Yo había seguido la crónica del excepcional suceso quedándome un poco más de lo habitual delante de la TV, para ver el telediario de la noche.

Recuerdo aún el instante en que vi su rostro abierto, jovial, esa sonrisa única, los ojos vivos y luminosos que parecían reír quizás aún más. Por esa sonrisa debería haber intuido en quién se convertiría, qué habría representado para mí, para nosotros, para todos, para la historia. Pero nosotros, hombres, estamos siempre distraídos y trastornados por demasiadas preocupaciones. Así, brevemente, comenté con alguna palabra fugaz, quizás como hicieron también otros: "¡Este Papa parece simpático!". Después, mi atención se dirigió hacia otra cosa: la cena, el teléfono, la charla con mis padres, el balance de la jornada cosas superficiales que, en la obligación de la vida diaria, nos parecen siempre más importantes que otras, también cuando una campanilla de alarma debería sonar para avisarnos que estamos frente a una ocasión que ha llegado para dar sentido a nuestra vida. Los antecedentes de ese suceso memorable los habría contado después un hombre que, con el tiempo, llegaría a ser muy importante en mi vida, al que me uniría, y me une aún, un afecto muy profundo. Su nombre es Stanislaw Dziwisz, hoy arzobispo de Cracovia y durante treinta y nueve años secretario particular del Papa. Fue él quien reveló más tarde que un momento antes que los maestros de ceremonias abrieran las hojas del pórtico de la bendición, la tarde de ese 16 de octubre de 1978, el Papa murmuró: "¿Cómo me acogerán los romanos, qué dirán de un Papa venido de un país lejano?".

"Me confió", sigue refiriendo don Stanislao (como lo llamo yo), "su preocupación por Roma. Me dijo que en el momento en que se asomó se tranquilizó, porque en el modo cómo había sido acogido por la gente en la plaza de San Pedro había percibido un sentimiento de esperanza". Dijo precisamente esto: "He sentido la esperanza". Don Stanislao se convenció entonces que entre el Papa polaco y Roma fue amor a primera vista. Reveló también que, cuando volvió a entrar después de la primera bendición, fue él quien le dijo al Papa que la multitud había acogido su elección al solio pontificio con alegría y que él mismo había tocado con la mano esa esperanza, viéndola en los rostros, escuchándola en las palabras de las personas mezcladas en la multitud que había acudido a la plaza de San Pedro.

Don Stanislao contó también otro episodio emblemático de la fuerza de carácter del Papa: "Con una sonrisa cómplice y un poco de su humor quiso contarme su primer salto al protocolo. Antes que el nuevo pontífice se asomase, el maestro de ceremonias, monseñor Virgilio Noé, había recomendado que se impartiese la bendición en latín sin hacer ningún discurso. Pero Juan Pablo II no consiguió refrenarse y empezó a hablar en italiano. Un saludo que ha quedado en la historia: "Me han llamado de un país lejano [. . .], si me equivoco si me equivoco me corregiréis".

Nos hizo partícipes también de cómo vivió el Papa los momentos siguientes a la primera bendición: "No se dejó influir por el frenesí. Quiso cenar con los cardenales, después se retiró a la habitación que se le había asignado para el Conclave, en el entrepiso del apartamento del secretario de Estado. La compartía con el cardenal Corrado Ursi. Se puso a escribir de su puño y letra, en latín, el discurso programático para la Misa del día siguiente. Y empezó a pensar en la homilía de la celebración para el inicio de su Ministerio. Es el discurso que es famoso por el lema, la línea guía de su pontificado: '¡No temáis!

¡Abrid, más todavía, abrid de par en par las puertas a Cristo!'".

Después, su secretario y amigo de siempre, añadió que esas palabras las había madurado con los años. Eran expresiones de su fe. Las había vivido, rezado en privado y después expresado con toda su indecible fuerza espiritual:

> "El nuevo Sucesor de Pedro en la Sede de Roma eleva hoy una oración fervorosa, humilde y confiada: ¡Oh Cristo! ¡Haz que yo me convierta en servidor, y lo sea, de tu única potestad! ¡Servidor de tu dulce potestad! ¡Servidor de tu potestad que no conoce ocaso! ¡Haz que yo sea un siervo! Más aún, siervo de tus siervos. ¡Hermanos y hermanas! ¡No tengáis miedo de acoger a Cristo y de aceptar su potestad! ¡Ayudad al Papa y a todos los que quieren servir a Cristo y, con la potestad de Cristo, servir al hombre y a la humanidad entera! ¡No temáis! ¡Abrid, más todavía, abrid de par en par las puertas a Cristo! Abrid a su potestad salvadora los confines de los Estados, los sistemas económicos y los políticos, los extensos campos de la cultura, de la civilización y del desarrollo. ¡No tengáis miedo! Cristo conoce «lo que hay dentro del hombre». ¡Sólo Él lo conoce! Con frecuencia el hombre actual no sabe lo que lleva dentro, en lo profundo de su ánimo, de su corazón. Muchas veces se siente inseguro sobre el sentido de su vida en este mundo. Se siente invadido por la duda que se transforma en desesperación. Permitid, pues, —os lo ruego, os lo imploro con

> humildad y con confianza— permitid que Cristo hable al hombre. ¡Sólo Él tiene palabras de vida, sí, de vida eterna!"

El sentido profundo de este mensaje – entonces era solo un muchacho de veinte años – se me escapó. A mí como a otros millones de católicos distraídos en el resto del mundo. Palabras hermosas, cierto, pero que entonces consideramos sólo palabras . . . Quizás solo más tarde, con el tiempo, nos dimos cuenta que estábamos frente al carisma de un futuro santo. Ese santo que habría llegado, al cabo de poco tiempo, con sencillez, a mi casa y dentro de mi vida . . . Mientras tanto, aprendí a apaciguar la inquietud de mis veinte años con escapadas que, al menos un par de veces al año, me llevaban a escalar diversas cumbres de siete mil metros. Alternaba una vida en general tranquila como maestro de esquí en mis montañas y viviendo con mi familia, con viajes llenos de desafíos y emociones. Entre los primeros, recuerdo una expedición que organicé con otros tres amigos para escalar el Ama Dablam, la Montaña Sagrada de Nepal, de casi siete mil metros de altura. Con un grupo de amigos juntamos los diez millones de liras necesarias para los gastos básicos y partimos cargados, sobre todo, con nuestro entusiasmo. Nepal es un país sorprendente: sus aldeas, durante la estación de la colecta, parecen graneros a cielo abierto, con las esteras sobre las que las mujeres extienden los cereales para que terminen su maduración al sol. El Ama

Dablam ejerce una fascinación especial: llegando al Valle del Khumbu se puede admirar con asombro. Sus cimas son bellísimas, de líneas elegantes, casi perfectas, como trazadas por la mano firme de un dibujante.

Empezamos a escalar, imponiéndonos el ritmo de diez horas al día y, por suerte, contando con los orgullosos *sherpa*, los descendientes de los antiguos caravaneros que superaban el paso del Nangpa La (de más de 5.800 metros) yendo hacia el sur con sus *yak* cargados de mercancías, quienes nos ayudaron a llevar los casi treinta kilos de equipaje, alimentos y bebidas que teníamos. Son hombres bajos, pequeños, pero al mismo tiempo muy fuertes, acostumbrados a condiciones de vida muy difíciles. Para ellos, durante gran parte de su vida aislados entre los 2.500 y los 4.000 metros de los valles del Himalaya, el sentido de la solidaridad y de la amistad no es sólo un modo de hablar. De Italia nosotros habíamos llevado pasta, speck[1], Grana Padano[2] y barritas energéticas.

Nuestros porteadores nos cocinaban arroz y carne de oveja salvaje, que mataban y hervían junto a especias, obteniendo un sabroso estofado. Discurso aparte

---

1. Tipo de jamón crudo, que se obtiene de la pierna del cerdo, ahumado y sometido a envejecimiento breve. Es típico de la región del Alto Adige y del Tirol (N.T.).
2. Queso producido en la llanura padana o "valle del Po" (norte de Italia), semigraso, de pasta dura, granulosa, cocida y de maduración lenta en ambiente aireado y a temperatura constante. Incluye dos tipos: el Grana Padano, producido al norte del Po, y el Parmesano-Reggiano, producido en las provincias de Parma y Reggio (N.T.).

merecen los hombres pertenecientes a la casta de los “intocables”, a los que era imposible acercarse. Recuerdo que uno de ellos fue víctima de un accidente grave, se rompió una pierna pero no hubo manera de acercarse a él, de curarlo. Prefirió que lo dejáramos solo, esperando el auxilio de sus símiles, antes que contravenir las férreas reglas impuestas a su casta.

En los valles, la vegetación era la típica de la jungla: calor asfixiante, mucha humedad y las malditas sanguijuelas, que se pegaban continuamente a las piernas. A partir de una cierta altitud, en cambio, magníficos panoramas y vistas que te dejaban sin aliento. Recuerdo aún a las mujeres y a los niños de las aldeas que encontrábamos, de sonrisas amables y miradas que mostraban una mezcla de curiosidad y descaro. Las chicas más jóvenes no renunciaban a hacernos entender que nuestros rostros occidentales y nuestra apariencia las atraían: de repente, sacaban la lengua como burlándose de forma irreverente . Más tarde supe que era su modo de decir: “Me gustas, querría hacer el amor contigo”.

No me aproveché nunca de esos ofrecimientos, me parecía más justo tener una actitud de respetuosa simpatía. Cuando volvía a Italia, en cambio, volvía a mi vida y mis costumbres estaban dedicadas a la falta de compromiso sentimental: me divertía, estaba siempre rodeado de amigos y chicas y cambiaba de novia a menudo. Seguía sin embargo muy unido a mi familia, no faltaba nunca a ningún cumpleaños u otra reunión familiar; siempre hemos sido una familia muy unida, bien avenida, tanto en los momentos de dolor como en los de alegría. Además de mis padres, también me relacionaba con placer con tíos y primos; en fin, los que podría definir como los miembros de un verdadero y propio clan. El 13 de mayo de 1981 estaba conduciendo mi automóvil, precisamente con una de mis tías. La estaba llevando a casa cuando oímos en la radio una noticia verdaderamente dramática: en la plaza de San Pedro alguien había disparado al Santo Padre hiriéndolo gravemente. Recuerdo que mi tía se puso a llorar y yo me quedé consternado, en silencio, no sabiendo como consolarla, no sabía qué decir. ¿Quién podía desear el mal a una persona tan universalmente amada? Los que siguieron fueron días velados por la tristeza. El Papa fue llevado al Policlínico Gemelli donde fue sometido a una intervención quirúrgica que duró cinco horas y media. El mundo entero rezaba para que se salvara y a todas horas del día, en los periódicos y telediarios, se hacían conjeturas sobre quién había armado la mano del turco Mehmet Ali Ağca. También yo, en cuanto entraba en casa, encendía la televisión o la radio para seguir con aprensión las noticias y, de todas, me impactó la del cardenal de Praga František Tomášek que, en calidad de testigo ocular, contó a una emisora de radio cómo habían sucedido los hechos:

> "En la tarde del 13 de mayo la multitud, reunida delante de San Pedro, esperaba feliz la llegada del

Santo Padre. Todo parecía normal. La espera era intensa como demostraba un numeroso grupo de jóvenes que pronunciaban palabras de saludo. En el campanario sonaron las cinco, señal que el deseado momento había llegado. De repente se levantaron de la multitud voces entusiasmadas: el Santo Padre se acerca, de pie en el jeep. Saluda con gestos hacia todas las direcciones, bendice, aprieta innumerables manos, siempre con su sonrisa paterna en los labios. Mientras está devolviendo sonriente una niña (la pequeña Sara Bartoli) a su padre, radiante de alegría por haber estado en los brazos del Papa y haber recibido la bendición, de repente sucedió algo que cayó como una bomba. Se oyeron algunos disparos. El sacerdote polaco don Stanislao Dziwisz, secretario personal del Papa, y el ayudante de cámara Angelo Gugel agarraron por debajo de los brazos al Santo Padre que caía, mientras su blanco hábito talar se teñía de sangre. Es imposible describir el asombro general: hay que haberlo visto. El jeep del Papa se dirigió a gran velocidad hacia la explanada de la Basílica donde durante las audiencias hay siempre algunas ambulancias. Trasladaron a Juan Pablo II a una de éstas, que inmediatamente se dirigió hacia el Policlínico Agostino Gemelli. Ninguno de los presentes consiguió frenar las lágrimas, se oía sollozar, pero sobre todo rezar: la oración da luz y fuerza en los momentos más difíciles. A las 18 horas el Santo Padre está ya en el quirófano: ha perdido tanta sangre que es necesario hacer una transfusión de tres litros. Se constata una grave herida de arma de fuego en el vientre y dos heridas más leves en el hombro derecho y en el índice de la mano izquierda, pero ningún órgano vital está herido. La operación quirúrgica termina hacia las 23 horas y media y el Santo Padre es trasladado al Servicio de Reanimación. El jueves, el viernes y el sábado se celebra la Santa Misa en su habitación y el Papa comulga; él consigue una gran paz interior en la oración constante. El domingo, sentado en la cama, ya puede concelebrar la Misa con dos secretarios personales. Continúa su trabajo apostólico, unido a Cristo mediante la oración y aceptando el sufrimiento al lado de la Virgen María: en esta actitud se esfuerza en llevar a cabo siempre mejor el lema *Totus Tuus*. El cínico autor del atentado, el turco de veinte y tres años Mehmet Ali Ağca, ha intentado huir después del atentado, pero ha sido detenido por la policía y trasladado. La Interpol posee su currículum: hace dos años Ağca ya había amenazado de muerte al Papa en su visita a Turquía; en Roma estaba alojado en una habitación de un hotel cercano al Vaticano desde donde había realizado varias llamadas telefónicas al extranjero. La policía descubrió que llevaba encima una considerable suma de dinero: sus frecuentes viajes por Europa, sus contactos y la gran cantidad de dinero que poseía sin trabajar demuestran que su acción era premeditada y planificada. Además del Santo Padre, han resultado heridas dos mujeres que estaban cerca de él; una de ellas, americana, muy gravemente. Es un hecho turbador que, en nuestra sociedad, la cual presume de pertenecer a una época de gran desarrollo cultural y técnico, exista una "jungla" de dicho calibre: se trata de un cáncer moral que hay que extirpar desde la raíz. El Santo Padre ve al autor del atentado como un pobre extraviado y lo perdona de corazón".

Nuestra religiosidad familiar ha estado siempre marcada por una práctica sobria, una fe sólida sin dudas, sin crisis, que privilegiaba más el vivir bien fundamentado en los propios deberes hacia el prójimo y los familiares que la estrecha observancia de los preceptos. En invierno todos íbamos a misa en la pequeña iglesia de Temù. En verano se decía una oración por la mañana, normalmente dirigida por mamá y . . . . amén.

Sin embargo, el Señor siempre ha estado presente en mi vida: dos veces he estado a punto de cruzar el umbral entre la vida y la muerte; dos veces he vuelto porque así, desde arriba, alguien lo había decidido. Dios para mí estaba "pincelado" en la naturaleza: en el rosa que teñía el glaciar al anochecer, en el violeta de los líquenes que aparecen entre las rocas, en el fucsia alegre de los rododendros o en la perfección de las manchas en la piel de los jóvenes ciervos. En los meses que transcurríamos en el refugio asistíamos a misa sólo cuando subía un sacerdote, al que pedíamos que la celebrara. Y sacerdotes habían a menudo, por lo que nos pareció de lo más normal la llegada de cuatro sacerdotes polacos una tarde de mediados de junio de 1984. Recuerdo todo perfectamente, como en las secuencias de una película: era por la tarde y volvía de la explanada del teleférico, a un kilómetro de distancia del refugio, donde había cargado algunos alimentos.

Me los encontré delante repentinamente, los vi de pie en la explanada, cerca de los bancos, charlando. Habían llegado tras varias horas de camino a través del bonito verde de Valle de Génova. Les acompañaba Gianluca Rosa, también él maestro de esquí, un joven amigo mío que en verano nos ayudaba en la escuela de esquí. Por la noche me encontré charlando con ellos, sentados todos en la misma mesa del comedor.

Me impresionó como hablaba, sobre todo, el que se expresaba mejor en italiano, don Stanislao. Tenía más o menos cuarenta y cinco años, un rostro redondo, bueno, de apacible cura de campo. Pero sus ojos no eran tranquilos y los de una inteligencia lenta; más bien eran espías de un espíritu de observación y de capacidad de comprensión absolutamente superiores. Ojos que te examinaban con atención, no privados de una repentina empatía y dulzura, y que sabían hurgar dentro de tu alma interpretando totalmente tus sentimientos. Entonces no podía aún saber que era considerado por todos como un hombre de gran corazón. Era la persona más cercana al Papa desde que, en 1966, se había convertido en capellán del cardenal Wojtyla en Cracovia.

No podía saber tampoco que siempre había estado cerca del Santo Padre, recogiéndolo entre sus brazos, herido, en esa terrible tarde del 13 de mayo de tres años antes. No sabía que su relación con él parecía más la de un hijo con el padre que las de un empleador y su asistente.

Otro de ellos, monseñor Tadeusz Styczeń, que siempre he italianizado como Taddeo, estaba también muy unido al Santo Padre: primero como su alumno, después como su sucesor en la Cátedra de Ética de la Universidad Católica de Lublin. Estaba siempre presente en los ratos de ocio. Por la noche nos encontramos en la misma mesa para la cena: para ellos, como para el resto, una buena sopa caliente, embutidos, quesos, huevos y un estupendo trozo de tarta. El único privilegio, más por la presencia del amigo Gianluca que en consideración hacia los cuatro desconocidos sacerdotes polacos . . . abrimos una botella de óptimo vino tinto de añada. Después de la cena nos pusimos a jugar a la escoba[3].

Y, con la complicidad de un buen vasito de grappa y la atmósfera familiar que sólo la convivencia de un refugio de montaña puede crear, poco después bromeábamos como viejos amigos. Llegué incluso a acusar a don Stanislao de robar los puntos y él, falsamente enojado, se reía hasta llorar. Conversando amablemente con don Stanislao me dijo que a él, a monseñor Tadeo y a los otros dos les gustaría ir a esquiar por los alrededores al día siguiente temprano. Y que para ello necesitaban que les prestásemos el equipo, visto que no habían traído nada con ellos.

Lo resolvimos sin dificultad, encontrando para cada uno de ellos esquís, botas de montaña y el resto. A la mañana siguiente, alrededor de las ocho, después de un

3. Juego de naipes entre dos o cuatro personas (N.T.).

abundante desayuno, estábamos ya en las pistas. Durante la noche se había desatado una violenta tormenta, con truenos, rayos y muchísima agua. Pero después, de repente, el tiempo se había aclarado, haciendo brillar los colores como si ese lugar fuese el teatro destinado a una representación importante y estudiada durante mucho tiempo. Fuimos a esquiar al glaciar de Lares, a 3.400 metros, descendiendo por un hermoso valle hasta los 2.800 metros, con el sol alto en el cielo, la nieve compacta y brillante y toda la fascinación de la Creación, que Dios ha querido tan generosamente diseñar en estas montañas. En un momento determinado pidieron dar una vuelta por los alrededores en la motonieve, que mi padre utilizaba para subir a los clientes, ya que no había ninguna instalación de subida.

Hacia el mediodía volvimos al refugio y poco antes de los saludos don Stanislao, solo, se acercó a mi madre Carla en la cocina: "Doña Carla, soy el secretario particular del Santo Padre. ¿Qué opina si lo traigo aquí?". Mi madre aún hoy sostiene que creyó hallarse frente a un mitómano, pero su naturaleza amable la llevó, de todas formas, a secundarlo: "Padre, ¿y me lo pide? ¡Sería la cosa más bonita de mi vida!".

Después, obviamente, nos llamó aparte a Franco y a mí para contarnos qué cosa más rara le había propuesto ese sacerdote. A este punto, don Stanislao, acercándose de nuevo, empezó a hablar directamente conmigo de esa extraordinaria posibilidad. Me avisó que *condijo sine qua non* era el compromiso de mantener el secreto absoluto, pues nadie debía saber nada sobre este asunto; la discreción debía ser máxima, sino el breve descanso del Papa no podría tener lugar. En ese momento, mamá y yo llevamos a don Stanislao a dar una vuelta por todo el refugio. Le enseñamos las pequeñas habitaciones decoradas de modo espartano, sólo con la cama, una silla y un perchero, le explicamos que en cada planta había sólo dos baños que debían ser suficientes para tantas personas. Mamá, preocupada, preguntó:

“Pero, padre, ¿qué tenemos que hacer, qué tenemos que modificar?”.

Él, con una sonrisa amable, respondió: “Doña Carla, no tiene que cambiar nada, todo está bien así”.

III

DOS AMIGOS EN LA NIEVE: EL PAPA Y PERTINI

APENAS se fueron esos singulares huéspedes, mamá, Franco y yo nos sentamos a hablar, con una mezcla de incredulidad y preocupación ante la insólita, y del todo imprevista, posibilidad que Juan Pablo II fuese nuestro huésped, comiendo, durmiendo y rezando en nuestro perdido refugio.

Decidimos enfrentarnos a la situación con sensatez pensando, sobre todo, en mantener el compromiso de absoluto secreto que se nos había pedido de modo tan urgente. Pensamos en mantener el asunto secreto entre nosotros, tomándonos la responsabilidad de no informar ni siquiera a papá y al resto de la familia. Es más, llegamos a la conclusión que era cuestión de fuerza mayor avisar por lo menos a Miriam, la hermana más pequeña, que en esa época vivía en Temù. Consideramos que su ayuda sería indispensable porque el refugio, en aquellos tiempos, no tenía línea telefónica.

De hecho, estaba conectado únicamente mediante una estación transmisora-receptora con Bedole, donde estaba el teleférico gestionado por papá. Podíamos comunicarnos del mismo modo también con nuestra casa en Temù y el cuartel de los Carabineros de Pinzolo (en provincia de Trento), para eventuales comunicaciones de seguridad.

Por lo tanto, mamá, Franco, Miriam y yo nos convertimos en cómplices durante toda la intensa actividad organizativa de los días siguientes. Con don Stanislao habíamos establecido los días durante los cuales el Papa se hospedaría con nosotros: el 16, 17 y 18 de julio, por lo tanto exactamente un mes después. En los años siguientes me he preguntado muchas veces porqué don Stanislao eligió precisamente nuestro refugio y el glaciar del Adamello para unas vacaciones del Santo Padre. Ante todo, creo que por la excepcionalidad y belleza del lugar; después por la conciencia que nosotros, los Zani, éramos buenos cristianos y "montañeses" de pocas palabras, por lo tanto adecuados para mantener un secreto. De hecho, durante nuestro primer encuentro, don Stanislao no me hizo ninguna pregunta sobre la primera guerra mundial combatida en el Adamello y, menos aún, sobre la Cresta Croce[1] y la pequeña cruz de madera erigida en la cumbre de esa montaña en recuerdo de tantos soldados fallecidos. Subrayo este detalle, en apariencia irrelevante, para

1. Punta de la Cruz o Cima de la Cruz (N.T.).

entender como entonces, todos nosotros estábamos inmersos, un poco, en la total inconsciencia del verdadero significado de lo que nos habría ocurrido. Algo de gran valor, perteneciente a lo trascendente, pero escondido en la más inocente y aparente sencillez de unas vacaciones. Se necesitarían muchos años aún, hasta la proximidad de este glorioso día de la beatificación, para que yo y otros llegáramos a comprender, a sentir y aceptar lo que hoy parece obvio por lógica e irrefutable por fe. Entonces, sólo la casualidad, sólo ella parecía ser artífice de la llegada de ese hombre vestido de blanco . . .

Apenas don Stanislao y los otros se fueron, decidimos no aceptar más reservas para los días en los que estaría el Papa. En cuanto a las pocas presencias ya previstas, se nos informó no anularlas. Al día siguiente, tras una noche agitada por mil dudas, bajé a pie hasta la aldea y con gran discreción hablé con mi hermana de todo lo que había sucedido, expresándole mis dudas.

Fue ella quien me dijo: "Llamemos directamente al Vaticano para cerciorarnos si todo esto es verdad y si todo será como está previsto".

Lo hicimos y no sólo nos confirmaron todo, sino que además se nos informó que recibiríamos la visita de un tal comandante Camillo Cibin. Sólo más tarde supe que Cibin era una institución en los ambientes vaticanos. Cibin ha sido el ángel custodio de Juan Pablo II durante muchísimos años, la persona que lo seguía siempre y que veló más que ninguna otra por su seguridad. Hay imágenes que han dado la vuelta al mundo y lo retratan el día del atentado en plaza de San Pedro, cuando tras los disparos se lanzó sobre las barreras de seguridad para bloquear la huida de Ali Ağca. El año siguiente, el mismo Cibin tuvo la rapidez de reflejos para parar la mano de otro loco armado con un cuchillo que quería matar al Papa durante su visita a Fátima. Llegó al refugio unos diez días más tarde, a primeros de julio, en helicóptero. Mamá, que pensó que era un control de los NAS[2], se precipitó hacia la habitación para buscar los registros con las autorizaciones sanitarias y, en cambio, él le dijo explícitamente: "Señora, si todo va bien el Papa vendrá a verla".

Muy aturdida, mamá me hizo llamar, por lo que interrumpí la lección de esquí que estaba dando y en pocos minutos estaba en el refugio.

Estrechándole la mano le observé: tenía delante de mí a un señor atractivo, de maneras sobrias y rápidas, muy seguro de sí mismo y enérgico. En los años siguientes habría aprendido a conocerlo bien y a entender que, detrás de su frialdad, se escondía un alma generosa. Aprendí a captar sus preocupaciones en la valoración de todos los aspectos del sistema de seguridad y, también, a apreciar esa sonrisa un poco astuta que le iluminaba el rostro cuando nos quedábamos nosotros, del círculo íntimo, cercano al Santo Padre. Cibin, tras haber hecho algunas

2. Nucleo Antisofisticazione e Sanità, órgano de los carabineros que dependen del Ministerio de Sanidad y que lucha contra la adulteración de alimentos (N.T.)

inspecciones en el exterior, quiso hacer lo mismo con cada rincón del refugio e hizo que le enseñáramos la habitación que pensábamos ofrecer al Papa. Habíamos elegido una al fondo del pasillo del primer piso; era como todas, es decir, sin baño en su interior. Nos dijo que estaba muy bien, aconsejándonos que añadiéramos un reclinatorio, una pequeña cómoda cerca de la cama y una simple silla.

Había una litera de tres camas: la desmontamos haciendo que quedara sólo un catre y mamá, por iniciativa propia, colgó en la pared desnuda delante de la cama un bonito crucifijo de madera. Al lado, como se nos había solicitado expresamente, dispusimos una habitación casi idéntica para don Stanislao. Tras haber inspeccionado también el exterior, el comandante nos preguntó qué íbamos a hacer de comida y con él arreglamos también este aspecto, eligiendo un menú simple, pero abundante y genuino. Mamá Carla lo estableció: embutidos locales, strozzapreti[3] hechos con pan y espinacas salvajes recogida por ella misma; roast-beef con patatas asadas; quesos de los Alpes; bayas; tarta de fruta; todo regado con vino Tocai[4] blanco y grappa local.

---

3. Tipo de pasta hecha en casa, también llamada "strangolapreti": "strangolare" es "estrangular" en español y "preti", "sacerdotes" o "curas", con lo que literalmente sería "estrangulasacerdotes" o "estrangulacuras". (N.T.)

4. Actualmente denominado "vino friulano" (de la región del noreste de Italia Friuli-Venecia Julia). La denominación Tocai que utiliza el autor del libro está restringida, desde el año 2007 por la UE, a los vinos húngaros Tokaji, denominación de origen protegida (N.T.).

Nosotros, como las pocas personas del entorno papal que sabían de su privadísima visita al Adamello, mantuvimos la más absoluta reserva. Pero tres días antes de la partida, exactamente el 13 de julio, sucedió algo de forma repentina e imprevisible que hizo que este suceso fuese aún más excepcional, despertando la curiosidad y divirtiendo al mundo entero. Para sus desplazamientos el Santo Padre utilizaba los medios que el Ejército del Aire, y por lo tanto el Estado italiano, ponía a su disposición. De este modo llegó al ministerio la solicitud de autorización para un vuelo de Estado de Roma a Verona y, después, para un helicóptero de Verona al Adamello. Alguien, parece ser un coronel del Ejército del Aire, trasladó la noticia a un amigo suyo miembro del personal del entonces presidente de la República, Sandro Pertini.

Entonces Antonio Maccanico, secretario general del Quirinal, una vez conocido el hecho, quiso hablar de ello con el presidente, del cual era un estrecho colaborador y el hombre de confianza desde los tiempos en que Pertini era presidente del Congreso de los Diputados. Éste le preguntó: "¿Quién sabe donde tiene que ir el Papa tan en secreto?".

La escena divertidísima que surgió de esto me la contó el mismo don Stanislao unos años más tarde, y del mismo modo la cuento yo ahora. Los dos, se sabe, eran grandes amigos y como no estaba prevista ninguna visita o acontecimiento oficial, al directo y amadísimo presidente no se le ocurrió cosa mejor que levantar el auricular del teléfono: "Ahora mismo le pregunto a mi amigo Karol donde tiene intención de ir".

El Papa, como un muchacho descubierto en plena travesura, se echó a reír y de golpe respondió: "Voy a esquiar, a hacer una excursión al magnífico glaciar del Adamello. Presidente, ¿por qué no vienes también tú?".

Y Pertini: "Muy bien Santo Padre, ¡vamos!".

El resultado de esta conversación entre los dos lo vimos nosotros allá arriba, al cabo de pocas horas. De hecho, esa misma tarde llegaron juntos en helicóptero el bueno de Cibin, el jefe de la policía y el viceprefecto de Trento que, con evidente gran agitación, empezaron a inspeccionar los alrededores a lo largo y a lo ancho. Tras una serie de minuciosas comprobaciones, se reunieron conmigo en el interior del refugio y me comunicaron sus decisiones. Informarían a las autoridades locales sobre la necesidad de una limpieza del terreno: el "desminado" de diversos residuos bélicos. Además, la zona estaría prohibida a cualquier persona y estrictamente vigilada. A partir del día 15 la zona empezó a ser "off-limits" para cualquiera y a ese punto llegó la petición por parte de los hombres de seguridad del Estado italiano de alejar también a las pocas personas presentes en el refugio. La familia que había alojada se tuvo que ir: unos padres y sus tres hijos, junto a otros dos hombres, las personas que don Stanislao había dicho que podían quedarse. Mintiendo, les dijimos que había que hacer una limpieza debido a los artefactos bélicos y, por lo tanto, que había la posibilidad de grave e inminente peligro. Llegaron expresamente dos helicópteros que se los llevaron con gran rapidez. Mamá Carla se puso aún más nerviosa cuando se le informó que el presidente Pertini era vegetariano. Lo resolvió añadiendo al menú *risotto*[5], ensaladilla rusa, verduras gratinadas y varios tipos de ensalada. Ese mismo día, vigilia del gran acontecimiento, llegaron subiendo a pie don Stanislao, Cibin y monseñor Taddeo, que se quedaron a dormir con nosotros para controlar, obviamente, que todo estuviera a punto. Después de la cena me retiré con don Stanislao y empecé a bombardearle con preguntas: "¿Qué tengo que hacer para saludarlo? ¿Tengo que besar el anillo del pescador o no? ¿Debo dirigirme a él como Santidad o Santo Padre?".

Él me sonreía y movía la cabeza: "Lino, haz lo que sientas, no te crees problemas, acógelo como acogerías a un amigo . . .".

¡Es más fácil decirlo que hacerlo! Imaginen que de un día a otro se encuentran con el Papa sentado en el salón de su casa, cenando y durmiendo con ustedes.

Esa noche no dormí casi nada y, como se puede imaginar, a las cuatro de la mañana ya estaba levantado. Hacía un día espléndido. A las 8.45 empezamos a oír el ruido del rotor de un gran helicóptero militar, de los que pueden transportar hasta doce personas. El aterrizaje,

5. Plato típico de la cocina tradicional italiana a base de arroz (de "riso", arroz en italiano) (N.T.).

como estaba previsto, tuvo lugar en una explanada de nieve, justamente en el Paso de la Lobbia, a doscientos metros del refugio. Éramos muy pocos los que estábamos esperando para recibirlos: mi hermano Franco, mi padre, mi hermana Renata con su marido, las muchachas que ayudaban a mamá a servir la mesa, el hijo de unos amigos, un niño de nueve años, el pequeño Enrico, al que le habíamos dicho que viniera para una sorpresa sin decir nada más, y yo.

Se abrió la puerta e inmediatamente salió el Santo Padre: el hábito blanco cándido, una capa negra y una mirada que no olvidaré nunca: una ligera ironía de fondo, una curiosidad muy viva y la capacidad de acariciarte con los ojos. Esta es la sensación que tuve, de ser reconfortado por un amor puesto allí a disposición de todos, del cual de repente, sólo mirándolo, podía beneficiarse cualquiera, sin méritos específicos. Hoy, si vuelvo a pensar en ello, me doy cuenta que ese fue el primer signo de "santidad" del cual he sido testigo: me sentí invadido por una sensación sutil y penetrante, una mezcla de ligereza y alegría. Tenía sólo veintisiete años y una vida estupenda y aventurera, pero si hubiera sido anciano y hubiera estado enfermo, o dolido por alguna pena, su sola vista, estoy seguro, habría mitigado y aliviado el dolor. Mi hermano Franco y yo nos acercamos enseguida y yo fui el primero en hacer una leve inclinación besándole el anillo. El Papa con la mano me incorporó y después oí su voz lenta, un poco cansada e inconfundible preguntarme:

"¿Cómo te llamas". Y después: "Entonces hoy vamos a esquiar juntos . . .".

Esta era otra de sus características: la capacidad de entender enseguida quien tenia delante y porqué. Sólo mirándome había entendido que yo, y no otra persona, habría sido su maestro de esquí o, mejor, su guía, visto que se defendía muy bien en este deporte. Juan Pablo II, a pesar de haber ya sufrido el dolor de ser herido y los problemas que de ello derivaron, parecía estar en buena forma, por lo que me precipité para ayudar a Pertini a saltar del helicóptero y, mientras lo saludaba, le ofrecí mi brazo. Para el presidente he usado el término "saltar" y no me he equivocado porque la impresión que daba, aunque fuera un octogenario, era la de un "pequeño grillo" que saltaba y hablaba sin parar. Teníamos que recorrer un centenar de metros antes de subir a la motonieve conducida por mi padre, a bordo de la cual llegaríamos al refugio. Pero debían recorrerse sobre el hielo e inmediatamente me preocupé de la seguridad de los cuatro o cinco hombres del personal del presidente. Quien los hubiera observado desde lejos se habría reído a carcajadas: estaban en un glaciar y pisaban las nieves eternas con zapatos de cuero de cordones, chaqueta y corbata. Evidentemente, debido a la férrea regla sobre la confidencialidad, nadie les había informado de cuál era la meta de esa curiosísima pareja. Resultado: resbalaban aquí y allá con un efecto verdaderamente cómico. El presidente, en cambio, estaba perfectamente a sus anchas: pantalones bombachos, óptimas botas de montaña de color marrón con suela Vibram, jersey con dibujos nórdicos y su inevitable bastón. La escena que siguió a continuación fue verdaderamente divertida.

Tras habernos acomodado en la motonieve y haber recorrido un breve trecho, embocamos un sendero que llevaba a la entrada del refugio. Un sendero delineado en la morena, es decir, hecho de piedras agudas e inestables debido a la naturaleza del terreno. Mi hermano y yo agarramos bajo el brazo, de uno y otro lado, al presidente que estaba claramente en dificultad. Y él empezó a lamentarse con su habitual vehemencia: "Pero, ¿qué clase de sendero es este? Pero, no podemos hacer caminar por aquí al Santo Padre, debieron haberme avisado, habría organizado todo yo, habría mandado aquí una compañía de soldados alpinos y lo habría allanado Pero, ¿qué hacemos ahora?".

Miré a Juan Pablo II que nos precedía unos pasos. Caminaba sólo, tranquilo, apoyándose ligeramente en el brazo de Gigi, un agente de la seguridad que estaba a su lado. Le vi sacudir la cabeza y sonreír divertido como un niño a las habituales intemperancias de su irrefrenable amigo. Franco y yo llegamos al refugio llevando al presidente en volandas, sin que sus pies tocaran el suelo, mientras continuaba protestando vivamente, preocupándose de Su Santidad.

En la entrada del refugio nos esperaban mi madre y mis hermanas. Le tocó a mamá, en la puerta, dar la bienvenida al Papa. El entró, le sonrió y no dejó que se inclinara para besarle la mano. En cambio, le cogió ambas manos estrechándolas entre las suyas mientras respondía a las pocas palabras de saludo sólo con una dulce sonrisa. Todavía hoy mamá dice que, al contacto con sus manos, sintió algo que no había sentido antes, y que no volvería a sentir en su vida: una especie de calor que la invadía de bienestar, una descarga de energía benéfica, que iba más allá de la emoción causada por la vista de una persona tan importante.

Tengo que decir que también el Papa demostró haberse encariñado mucho con mamá Carla. En los años siguientes siempre se interesó por su salud y le dedicó pensamientos y oraciones especiales. Por otra parte no hay que olvidar que él había perdido a su amada madre Emilia cuando tenía tan sólo nueve años. Es normal que se uniese por afecto a una mujer sólida y al mismo tiempo dulce como mi madre, que probablemente le recordaba a la suya. Fue precisamente mamá quien, con sus propias manos, le preparó un estupendo capuchino espumoso y caliente para que entrase en calor en cuanto entró. Él aceptó con entusiasmo, pero tuvo que aceptar también las protestas de Pertini: "Pero un capuchino, Santidad aquí somos gentes de montaña, míreme a mí me tomaré un vasito de grappa, no un capuchino Yo soy un alpino, y los alpinos no beben capuchinos ".

Carcajadas y buen humor. Inmediatamente después el Santo Padre quiso subir para cambiarse, verdaderamente ansioso de ponerse los esquís. Después de unos breves instantes bajó de la habitación un perfecto y sobrio esquiador: pantalones y anorak azul, guantes del mismo color, una gorra blanca con visera, gafas de sol y un alegre par de botas de montaña de color rojo, que añadían a su atuendo deportivo un toque verdaderamente elegante. Pertini tenía en la mano su inevitable pipa y, excitadísimo, seguía mirando fuera de los ventanales del salón: "¡Pero que sitio, pero que maravilla, pero que magnífico día!".

E inmediatamente empieza a hablar de la Gran Guerra, evocando de nuevo los escenarios, el sacrificio de los alpinos, la resistencia no sólo a los enemigos, sino también al frío y a las condiciones ambientales extremas, a la falta de comida y de provisiones. Recuerdo que habló durante mucho tiempo de una "guerra olvidada", de pobres cristos abandonados por los mandos. Pertini continuó hablando del mismo tema también cuando habíamos subido a la motonieve: dirección prevista para esquiar, el glaciar del Lares. Detrás, en los asientos descubiertos nos sentamos mi hermano Franco, el presidente, su médico personal y yo. También estaban Antonio Maccanico con chaqueta y corbata, el guardia del Papa y Angelo Gugel, ayudante de cámara del Santo Padre. Éste quiso sentarse en el habitáculo cerca de papá, que conducía.

Después supe que, en esa media hora, mi padre aprovechó la presencia de este especialísimo pastor de almas para confesarse. Pasadas las nueve de la mañana ya estábamos en la blanca extensión de nieve, una capa óptima y compacta en ese día verdaderamente idílico por las condiciones meteorológicas. En el glaciar del Lares nos pusimos los esquís. Al principio intenté mantenerme cerca del Papa; después me di cuenta que se defendía perfectamente sin mi ayuda. Es más, entendí que prefería esquiar solo. Por lo tanto, empezamos a acelerar el ritmo, subiendo con la motonieve y bajando varias veces. Yo precedía siempre al Papa por dos motivos: don Stanislao quería unas fotos como recuerdo y dado que no había ningún fotógrafo, me pidió que hiciese alguna. Mi preocupación constante era ser su avanzadilla por una razón de seguridad. De hecho, le había explicado al Santo Padre que la trampa de esas nieves perpetuas y maravillosas era sus innumerables grietas. Le rogué, por lo tanto, que se curvara en esos tramos de pista en correspondencia de los cuales yo mismo me curvaría. Por lo demás, me di cuenta que el Papa esquiaba muy bien, con seguridad, con los esquís en posición paralela, casi unidos, como un esquiador experto. Era incluso un poco temerario, amaba los declives, los tramos más escarpados. Tenía una postura curiosa y particular: esquiaba un poco proyectado hacia adelante, pero ello era debido probablemente al hecho que en los años en que había aprendido a esquiar, en los Montes Tatra en Polonia, los esquís eran más rígidos y necesitaban ese tipo de postura que, después, le quedó como posición.

Tenía fantasía eligiendo los recorridos, me pedía si podíamos seguir hacia un lado en lugar del otro. En su rostro se podía leer una ligera, sutil felicidad en la velocidad de las bajadas, mientras los ojos eran nuevamente los de un niño, despreocupados y profundamente alegres. De vez en cuando exclamaba: "¡Lino, pero que nieve tan excepcional tienen aquí arriba!". La motonieve, con Pertini y los otros huéspedes a bordo, nos acompañaba y luego volvía a bajar hasta el valle, esperando para volver a subir con nosotros cuando el presidente, con su voz fuerte, gritó al Papa: "Santidad, Ud. esquía como una golondrina".

Hacia el mediodía – estábamos justamente en el Paso del Lares – el Papa se interrumpió de repente para rezar el *Ángelus*. Una querida costumbre a la que aprendí a participar después, algo que marcaba su vida repitiéndose de forma invariable por la mañana, a mediodía y al anochecer. Nos situamos en una esquina y él empezó con voz firme en el silencio: "El Ángel del Señor anunció a María . . .".

La oración fue breve como un suspiro, después volvimos a esquiar durante unos minutos. Inmediatamente después sucedió algo que no olvidaré jamás y que me hizo intuir, si bien de manera confusa, como el universo empezaba a hacerme comprender verdaderamente la historia del Otro. Un hilo delgado había empezado a devanarse en ese lejano mayo de 1917, partiendo del escenario triste de la guerra, envolviendo acontecimientos en años y lugares distintos en el mundo: Fátima, el Adamello, Roma con la plaza de San Pedro.

Sólo hoy, en la vigilia del 1 de mayo, es decir, de un día de gloria, ese diseño se me aparece en todas y cada una de sus partes . . . totalmente claro.

IV

EL SILENCIO DE LA ORACIÓN

CUANDO volvimos a bajar acabamos con los esquís al amparo de un declive que partía de la achaparrada ruina de un torreón, construido como punto de observación durante la guerra, y que terminaba a ras de una pared rocosa rozando lo que se llama Punta Attilio Calvi. Una zona que nosotros, los hombres de la montaña del lugar, llamamos simplemente la "vía de los alpinos". Intrigado, el Papa me preguntó quien era ese Attilio Calvi y yo, que conocía al menos parte de la historia, empecé a contarle el caso de los hermanos Calvi, de esa desafortunada y heroica familia de la zona.

Quizás es mejor que en esta ocasión cuente la historia con más detalle: Attilio, Santino, Natale y Giannino eran cuatro hermanos nacidos en Piazza Brembana, en el Valle Brembana, en la provincia de Bérgamo. El padre, el "cavaliere" Gerolamo Calvi, era el alcalde del lugar y la madre, Orsolina Pizzigoni, era una mujer muy religiosa, pero también inteligente y valiente. Todos los hermanos, fallecidos prematuramente tras haber combatido por la patria, se han convertido en héroes de la Gran Guerra. Tenían un alma noble y romántica y un espíritu combativo que los distinguió hasta tal punto que se les concedieron quince medallas al valor militar, algunas de ellas póstumas.

Attilio nació el 4 de noviembre de 1889, se licenció en Derecho, pero no ejerció nunca como abogado, dado que a los veintidós años se fue a la guerra de Libia. Luego se enroló en la Compañía Cincuenta y Uno del Batallón Alpino "Edolo", destacando y ganando la primera medalla al valor militar gracias a la calma y valentía demostradas. Gran conocedor de nuestras montañas, experto alpinista y miembro de un grupo de escalada en roca, en 1915, cuando estalló la primera guerra mundial, le nombraron segundo teniente. Los primeros combates lo llevaron a la zona de Montozzo, en los montes situados entre el Adamello y el Tonale. Aquí se distinguió por valientes operaciones militares como la del 21 de agosto de 1915, una expedición dirigida a la conquista de Punta Albiolo, alcanzando el objetivo y conquistando un importante emplazamiento de los austriacos. Este hecho le valió la segunda medalla de bronce.

El mes siguiente, el 25 de septiembre, fue también protagonista de la conquista del torreón de Albiolo. Con sólo cuatro hombres y bajo el fuego enemigo y a una distancia de sólo una decena de metros, con su notoria sangre fría llevó a cabo el asalto definitivo ganando otra medalla, esta vez de plata. En abril de 1916 combatió en la terrible contienda para vencer a los austriacos en retirada justamente aquí, en estos lugares, cerca del Dosson de Génova. Después vinieron días terribles: nubes bajas, nieve que caía abundante sobre el glaciar a más de 3.000 metros. Muchos alpinos fueron heridos de muerte, entre ellos también Attilio, que falleció tras dos días de agonía. De ahí el nombre dado a la cima a una altura de 3.291 metros, sobre los cuales nos deslizamos esquiando con el Papa.

La misma mala suerte le tocó al hermano Santino, que el 29 de mayo de 1915, sólo cinco días después del inicio del conflicto, ganó la primera medalla de plata en una acción en la cima Vezzena. El motivo: salió tres veces de la propia trinchera, desafiando al fuego enemigo, para salvar a sus compañeros heridos por los austriacos. Pero una fría noche de diciembre fue herido en el rostro por una bala que le fracturó la mandíbula. Después de indecibles sufrimientos, aún convaleciente, retomó los combates ganando otra medalla de bronce. En la primavera de 1917 se le asignó otra tarea muy arriesgada: la conquista del Paso *dell'Agnella*. Consciente del peligro y tal vez víctima de un mal presentimiento, envió a su madre una carta de despedida. Después dijo a sus hombres: "¡Hoy verán como saben morir los oficiales alpinos italianos!". Era el 10 de junio y tras haber conquistado un importante emplazamiento fue herido en el hombro y ligeramente en la frente. A pesar de todo continuó combatiendo e incitando a sus hombres hasta que otra bala le atravesó el corazón. Murió diciendo: "Esta es la vez buena, esta vez sí".

Giannino, en cambio, era el más joven de los cuatro y no quería ser soldado, quería ser sacerdote. Pero tras las muertes de Attilio y Santino cambió de idea y también decidió ir a la guerra. Rechazó la dispensa de la primera línea diciendo que quería honrar la memoria de sus familiares caídos, luchando también él generosamente. Fue asignado al cuerpo de los ametralladores y tuvo a su hermano Natalino como capitán, al lado del cual luchó con mucha valentía, permaneciendo ileso.

El destino quiso que al finalizar la guerra, en el camino de regreso a casa, fuera victima de la epidemia de la gripe española[1], que lo mató tras una breve agonía, sin haber visto de nuevo a su familia. Poco después se le concedió una cruz póstuma. El último, Natalino, tras varios episodios de verdadero heroísmo y de conquistas militares, fue herido de gravedad en 1918, último año de la guerra, cuando era el comandante del batallón Monte Suello. A causa de las heridas se le amputó un pie. Único superviviente de los cuatro al final de la guerra, volvió a casa, pero sin paz. Las grandes batallas alpinas, los sufrimientos, la muerte de sus hermanos lo habían marcado profundamente. El héroe del Cavento, como le llamaban todos, vivía en su mundo, a menudo

1. Pandemia de gripe de enorme gravedad que causó la muerte de entre 50 y 100 millones de personas en todo el mundo entre 1918 y 1920 (N.T.).

distraído o incluso ausente: parecía que no podía volver a la vida de siempre. El 16 de septiembre de 1920 se quiso poner a prueba escalando una pared rocosa con un desnivel de 1.000 metros: acaso un reto consigo mismo o con la muerte. Partió del refugio Garibaldi, en la pared sur del Adamello, pero a mitad del recorrido una avalancha lo arrolló. Cayó al vacío, estrellándose infortunadamente sobre las rocas que habían debajo.

El padre, probado por el drama del final de sus cuatro hijos, murió de dolor poco después del final de la guerra, dejando sola a la madre, que fue bautizada como "Mamma Calvi", convirtiéndose en un punto de referencia para honrar la memoria de sus hijos y contar sus hazañas legendarias. El rey Victorio Manuel III, Mussolini y Gabriele D'Annunzio los elogiaron públicamente y el mismo Vate[2] hizo erigir a sus propias expensas un monumento en Piazza Brembana, cuya lápida recita:

> Natale, Attilio, Sante, Giannino,
> flor de la juventud itálica,
> orgullo de la nativa Piazza Brembana.
> Los cuatro hermanos Calvi,
> con ímpetu de águila,
> defendieron en la guerra las cimas de la patria.
> La muerte los apagó,
> mas la gloria los ciñó de laurel inmortal.

2. Nombre con el que también era conocido Gabriele D'Annunzio. Su significado es "poeta" (N.T.).

Todavía hoy, la Fundación "Mamma Calvi" premia a los alumnos más destacados cada 4 de noviembre, aniversario del final de la guerra. Le expliqué al Papa que precisamente al amparo de esa pared rocosa había muerto Attilio, y le hice observar que las escaleras de madera que se veían clavadas en el granito habían sido colocadas por los alpinos por aquellos años. Le conté también que esa hendidura de la montaña dividía exactamente el frente: en este lado los italianos, en el de allá los austriacos y como no todos los alpinos eran escaladores, esas zanjas eran indispensables para escalar y combatir el clima.

Recuerdo bien el rostro del Papa. Permaneció pensativo un momento, después mencionó las historias de guerra en las que había participado su padre Józef y que le había contado desde que él era niño. Añadió que muchos jóvenes polacos, sobre todo de Cracovia, su ciudad, soldados del ejército austriaco, habían combatido y habían muerto allí. Volvimos a bajar, vimos los restos de las barracas que formaban esa ciudadela de los alpinos y se quiso detener un momento para orar en sufragio de esas almas, de todos esos soldados que habían perdido la vida.

Teníamos programado esquiar todavía una hora y volver al refugio para la comida. En cambio, de golpe, el Santo Padre se bloqueó. En ese momento estábamos solos, pero él esperó con evidente y necesaria atención a don Stanislao, al cual se dirigió hablando en polaco. Su expresión había cambiado por completo, ya no había esa sonrisa en sus ojos y rostro. Dialogaron los dos en su lengua madre. Muchas veces, en los veintiún años en que tuve la fortuna de frecuentar al Papa, fui testigo de esos momentos marcados por un diálogo rápido, íntimo y un poco misterioso, en voz baja y en polaco, para que nadie pudiera entender.

Entre ellos había un vínculo muy fuerte y era evidente que se entendían sólo con la mirada. De hecho, don Stanislao se acercó a mi susurrándome: “Lino, el Santo Padre desea estar un rato solo, en recogimiento, busquemos un lugar adecuado”.

Los otros, que esquiaban con nosotros y mientras tanto nos habían alcanzado, se alejaron un poco mientras don Stanislao y yo mirábamos alrededor para buscar el lugar adecuado. Ese lugar estaba un poco lejos de allí, un gran peñasco plano, que curiosamente parecía una especie de sillón con un único brazo. El Papa apoyó el brazo y sobre éste la cabeza, con la mano apoyada en la frente. Esa piedra sobre el Paso de Lares estaba en una posición extraordinaria, pues dominaba todo el Valle Rendena, el Brenta, el Monte Bondone, casi hasta Trento; desde allí la mirada podía casi espaciar al infinito. Recuerdo que en el cielo azul cobalto de ese día especial se había manifestado un fenómeno atmosférico característico de nuestra zona. En los días especialmente soleados se crea, al final de la mañana, una especie de neblina en el fondo del valle y parece que el cielo y la tierra tuvieran confines frágiles, fundiéndose en uno sólo.

El mismo don Stanislao me pidió: "Lino, acompáñale tú".

Lo acompañé, agarrándolo de la mano, y lo ayudé a sentarse; después, respetuosamente, me alejé unos pasos y lo mismo hicieron los otros. Bien, fue allí donde asistí, por primera vez, a algo que no olvidaré nunca y que, venciendo el silencio, narro ahora por primera vez, intentando hacerlo con precisión y pureza de corazón. Tenía la cabeza inclinada y estaba concentrado en oración, totalmente inmóvil, sin el más mínimo movimiento.

Una especie de trance, me atrevería a decir, de éxtasis, que pudoroso nos escondía a nosotros, situados a su espalda. De hecho, no podíamos ver ni su rostro ni sus manos, no sabíamos si estaban juntas o no. Ni si sus ojos estaban abiertos o cerrados. Pero tuve, en cambio, la neta sensación de estar observando a un ser dotado de una fuerza espiritual que no era humana, a alguien que ya no pertenecía a este mundo sino que, en esos minutos, estaba viviendo en plena comunión con Dios, con los Santos y con todas las almas del Paraíso.

El destello irreal de la nieve alrededor parecía aumentar esta impresión. Había un silencio total, de gran intensidad. Todo estaba inmóvil, como si alrededor de nosotros un estado de contemplación hubiese contagiado a todo elemento de la naturaleza. De golpe, todo había enmudecido.

Ni un batir de alas, o un grito de ave, o un ruido sordo causado por la nieve al desprenderse y caer, o el sonido de una bota que se mueve sobre el hielo. Parecíamos ser todos víctimas de un encantamiento que nos había quitado el uso de la palabra y del movimiento, como si estuviésemos en uno de esos cuentos que escuchábamos cuando éramos pequeños. Conozco bien esos paisajes, las cumbres, los glaciares, he transcurrido gran parte de mi vida en lugares así y sé que el silencio de la montaña está lleno de voces, sonidos, gritos de animales, como también del rumor del viento.

En cambio, esa vez, parecía que todo se hubiera detenido, verdaderamente todo. Como por encantamiento. Éramos varias personas y todos podrán confirmar esta sensación. Puedo decir, plenamente convencido que, como santo Tomás, toqué con mano como un hombre en apariencia normal puede atravesar el confín y emanar santidad. Una roca y la piedra desnuda no son, ciertamente, una blanda cama, pero él no se cansó, no se movió ni siquiera un milímetro, sus músculos estaban inmóviles como todo alrededor. Pero la cosa más extraña fue cuando, tras un imperceptible y levísimo movimiento se reanimó moviéndose lentamente para levantarse, nos dimos cuenta, mirando el reloj, que había transcurrido una hora; exactamente, más de cincuenta minutos.

De nuevo don Stanislao me dijo: "Ves, Lino, ayúdale".

Fui a recogerlo. Después volvió el fluir normal de las cosas y del tiempo, y nos pusimos los esquís para bajar. Recuerdo, sin embargo, que perduró un extraño silencio, nadie tenía el coraje de hablar, las caras del resto estaban como aturdidas por lo que habíamos contemplado. Ninguno de nosotros, ni en ese momento ni en el futuro, habló sobre ello, como si estuviésemos frente a algo que era misterioso y sencillo a la vez. Quien en cambio protestó vivamente fue el presidente Pertini, que nos esperaba en el valle: "Pero como, ¡parecía que no llegaban nunca, nos hemos preocupado!". Volvimos al refugio para comer. Juan Pablo II, de pie, rezó junto a nosotros: "Bendice, oh Señor, este alimento que por Tu bondad nos has donado. Que llegue también a quien no tiene y haznos partícipes de tu bendición. Por Cristo, Nuestro Señor. Amén".

Después nos sentamos todos a la mesa. Yo estaba frente al Papa, que tenía a Pertini a su derecha y a don Stanislao a su izquierda. Recuerdo que cuando mis hermanas sirvieron los ñoquis verdes amasados con las espinacas, que en nuestra zona se llaman "strozzapreti"[3], Pertini tuvo una salida muy aguda que, después, se hizo famosa: "Santidad, lo siento, hoy le eliminamos".

Pertini tenía a su lado a su médico personal y con él empezó una verdadera batalla verbal en plan de broma. Ante cada plato preguntaba: "¿Puedo tomar un poco más, puedo repetir?".

Y su médico: "Pero presidente ".

Y él: "Doctor, piense en su plato, mire su plato y no el mío " Y más risas.

---

3. Ver cita n. 11 del capítulo III (N.T.)

También el Papa tenía un apetito sano y vigoroso, que la actividad física había aumentado. Probó todo con placer, incluido un gran trozo de torta de albaricoque que mamá había preparado en casa. Recuerdo que el Papa se lamentó del hecho que justamente mamá hubiera permanecido todo el tiempo en la cocina, y la hizo llamar para felicitarla por el dulce, que le había gustado mucho. La atmósfera era amena, jovial y Pertini, en un cierto momento, empezó a decir: "No podemos esconder al mundo esto, es algo extraordinario, Santidad, debemos revelar que Usted tiene esta pasión . . . que estamos aquí juntos". El Papa se reía complacido, pero no respondía ni sí, ni no.

Después, al final de la comida, mientras Pertini bebía un vasito de grappa y el Santo Padre un café, don Stanislao dijo: "Pues sí, quizás la gente se alegraría de ver lo bella que es su amistad".

Dicho y hecho: Pertini y yo nos levantamos para dirigirnos a la habitación en la que estaba la estación transmisora-receptora. Vía radio llamé al cuartel de los carabineros de Pinzolo, con los que estábamos conectados de manera estable, y me respondió el comandante: el simpático comandante Luciano Colombo, persona de indudables cualidades. Pertini, con su habitual carácter directo e impulsivo, literalmente me quitó el micrófono de las manos y con voz fuerte y clara empezó a decir: "Comandante, soy su presidente, ¡escriba!".

Por toda respuesta, Colombo, pensando que era una broma de alguien que imitaba la voz de Pertini para tomarle el pelo, exclamó: "Terminen ya de beber, allí, en la cumbre, que tengo ya demasiados problemas con este lío del desminado ".

Entonces agarré el micrófono y con paciencia le expliqué al bueno de Colombo que no se trataba de ninguna broma, aunque ¡necesité un buen rato para convencerlo!

Tiempo después me confesó que cuando el Presidente volvió a hablar dirigiéndose a él, se puso firmes, afecto de una especie de marcialidad a distancia: "A sus órdenes. Diga, ¡señor presidente!".

"Entonces, escriba. Oficina de prensa del Quirinal. Comuniquen de inmediato a la prensa que el Santo Padre y el presidente de la República están aquí esquiando, en el Adamello. No se permite a nadie venir aquí. Saludamos a todos los alpinistas. Envío mis saludos. También a usted, queridísimo comandante, junto a sus hombres . . .".

Naturalmente, en pocos minutos la noticia dio literalmente la vuelta al mundo. De nuevo en la mesa, Pertini dijo riendo: "Yo tengo que irme necesariamente. Entre otras cosas, mañana es 17[4] y yo, el 17, no vuelo en avión, por superstición no vuelo".

Y el Papa, en respuesta, divertido, le dijo: "Bien, entonces la próxima vez vuelvo el 17 así tu me dejas venir solo y te quedas en casa . . .".

Entre ellos siempre se decían ocurrencias irónicas y cáusticas, un juego dialéctico que hacía entender muy

---

4. En Italia el número de la mala suerte es el 17. (N.T.)

bien cual era el grado de entendimiento y afecto que les unía. Acabada la comida, hacia las 15 horas, Pertini con todo su personal prepararon su marcha. Un gran abrazo entre el Papa y el presidente y después acompañamos a este último al helicóptero para el viaje de vuelta. Nos quedamos verdaderamente muy pocos: nuestra familia, don Stanislao, monseñor Taddeo y Angelo Gugel, con Cibin y alguno de los guardias. El Papa se retiró a su habitación para descansar, mientras la noticia del excepcional acontecimiento daba la vuelta al mundo, despertando la curiosidad de miles de millones de personas. Surgió la curiosidad por el Adamello y se inició un verdadero y propio asedio de curiosos y periodistas, que las fuerzas del orden, distribuidas en todo el territorio, mantuvieron alejados. Nosotros, aislados del mundo, no sabíamos nada de todo esto y, de hecho, no nos interesaba. Hacia las cuatro el Papa bajó. Tenía el rostro descansado y ligeramente enrojecido por el sol, había recuperado energías, estaba de óptimo humor y quería volver a esquiar enseguida.

Era un magnífico día de verano, el sol aún calentaba, si bien por la tarde había disminuido ligeramente el calor. Mi hermano Franco y yo decidimos llevar al Papa a un lado de la montaña distinto al de la mañana, pues por la tarde la nieve en esa zona era más compacta. De nuevo, la motonieve conducida por papá Martino nos llevó al sitio justo. Bajamos y antes de ponernos los esquís le mostramos al Papa el magnífico panorama de las Cumbres *delle*

Tre Lobbie, de la Conca Mandrone, del Ortles, de la punta del Adamello, de la Presanella. La luz era estupenda, al atardecer, y en el cielo aparecieron unas nubes pintorescas, inofensivas, pero muy escenográficas. Hablé yo y entre las cosas que le conté, le hablé también de Cresta Croce, esa punta de roca bellísimo y solitario, tan querido por nosotros, los lugareños. El Papa, entonces, me preguntó por qué el lugar se llamaba Cresta Croce: "Santidad, el nombre deriva de una viejísima cruz que parece ser fue plantada en esa escarpada cuesta rocosa a principios de siglo. Según cuentan, como acto de piedad y devoción tras la muerte de un pastorcillo que cayó y murió en una grieta cercana y profunda. En todo caso, desde entonces ese símbolo cristiano se ha convertido en meta espiritual para los alpinistas. Y según parece, fue sobre todo referencia para los soldados durante la guerra. Desde luego, para nosotros esa cruz tiene un gran valor y estamos muy unidos a ella, aunque es tan delicada e insegura que es casi un milagro que se aguante de pie desde hace tanto tiempo. Usted tendrá oportunidad de observarla desde su habitación, porque desde nuestro refugio, en línea recta, hay sólo una distancia de algunos centenares de metros".

Insistió, pidiéndome mayores detalles sobre la cruz.

"Está formada por dos delgados y simples maderos toscos. Están tan descoloridos y pulidos que parecen corcho, pero resisten, quizá porque el hielo, entrando en la madera, la ha descolorido pero, al mismo tiempo, la ha hecho más fuerte al congelarla, casi inmune a los agentes atmosféricos".

Mencioné también el famoso cañón 149G, denominado "Hipopótamo", transportado hasta allí arriba de modo heroico por los alpinistas. Expliqué los esfuerzos sobrehumanos que fueron necesarios para llevar a cabo la tarea; y como hombres, trineos y caballos lo habían arrastrado a la Cresta Croce, con el riesgo de la propia vida. Le mostré la Cumbre Venerocolo de donde lo habían bajado arrastrándolo en una sola noche.

Pareció muy interesado, y también profundamente afectado, por esas historias y de vez en cuando, esquiando por los alrededores, cosa que hicimos durante tres horas, me preguntaba algún particular sobre esos lejanos acontecimientos de los alpinos. Obviamente no profundicé en lo referente a la historia del hipopótamo. Una historia muy bonita, incluso épica, sobre la cual ahora quiero detenerme siguiendo fielmente una crónica del tiempo. La mañana del 9 de febrero el cañón partió de Temù, mi pueblo, arrastrado por caballos. Antes de que llegara la noche alcanzó Malga Caldea, a 1.584 metros, donde terminaba la calzada del Valle de Avio. La nieve estaba alta y, desde ese punto, la pieza sólo podía subir sobre trineos. Se desmontó en varias partes: el cañón, de más de treinta y tres quintales, la cureña y las ruedas. El cañón y la cureña fueron ubicados, cada uno de ellos, sobre un robusto trineo de madera, construido a propósito y empezó el remolque. Lo dirigían algunos oficiales a cuyas órdenes había unos sesenta artilleros, trece ingenieros de minas, a los cuales se iban incorporando para ayudar, a medida que se avanzaba, doscientos alpinos y reservistas. Una multitud de hombres se afanó y cansó alrededor del "Hipopótamo". Un graduado que sostenía sobre los hombros la doble y gruesa soga del remolque iba delante marcando el punto preciso del recorrido que, después, era transitado por hombres provistos de raquetas. Algunos metros por detrás, dos soldados, uno al lado del otro, sostenían sobre un hombro una soga cada uno, para evitar que se hundiera en la nieve; a continuación iba el resto, que rítmicamente tiraban de las gruesas cuerdas. Detrás del trineo, sobre el cual estaba colocada la enorme boca de fuego, uno o a veces dos soldados, mediante una robusta palanca de hierro, impedían que el conjunto patinase hacia atrás. El esfuerzo era agotador porque se debía proceder a lo largo de la línea de máxima pendiente, siendo impensable enfrentarse a la cuesta en zigzag, bajo el riesgo de volcar el trineo. A menudo la carga se hundía y se encallaba. Se usaron cabrestantes y poleas para disminuir el esfuerzo de la tracción. Por supuesto, el remolque procedía con una lentitud exasperante, sobre todo porque el trabajo se realizaba únicamente de noche, o cuando las nubes o la niebla no permitían al enemigo el reconocimiento aéreo.

De día, cuando la atmosfera era límpida, el remolque se interrumpía, sobre los trineos se echaban paladas de nieve, mientras los soldados, con largos ramos de abeto que utilizaban como si fueran escobas, borraban las huellas dejadas por el trineo. Se necesitaron una veintena de días para superar los 400 metros de desnivel entre Malga Caldea y Malga Laghetto, pues había que remontar las tres cascadas del torrente Avio, transformadas en grandes pendientes quebradas y heladas.

En marzo el tiempo empeoró. Durante casi dos semanas hubo densas nevadas y arreciaron las ventiscas y tormentas. El remolque principal tuvo que detenerse, utilizando el teleférico para transportar todo el material accesorio.

El peligro de avalancha era muy alto y en varias ocasiones masas de nieve enterraron el cañón, obligando a los soldados a labores extenuantes para liberarlo de la espesa capa de nieve. En abril el tiempo finalmente mejoró y el remolque pudo reemprender.

El esfuerzo fue extenuante en el trecho denominado "Calvario": los hombres estaban cansados tanto física como moralmente. Ni siquiera las distribuciones periódicas de consuelo (vino, "Marsala"[5], grappa, anís) revigorizaban la actividad. Pero lo que después incitó a los responsables del remolque, multiplicando sus energías, estimulando en ellos el sentido del deber y de la solidaridad militar, fue la vista de los heridos y caídos, que descendían hacia el valle,

5. Vino licoroso, de gradación no inferior a los 17º, de color amarillo dorado con tendencia al pardo, de sabor aromático y aterciopelado, que se produce en la provincia de Trapani y en los confines de las provincias de Palermo y Agrigento (Sicilia) (N.T.).

tras las cruentas batallas del mes de abril. Conscientes de la importancia de su contribución a la nueva batalla, que se anunciaba próxima, apretaron los dientes y empezaron a tirar con tanta energía que el 17 de abril el cañón alcanzó el refugio Garibaldi, a 2.535 metros.

Los 600 metros que faltaban para llegar al Paso Venerecolo, al que estaba destinado, se cubrieron en diez días. El 27 de abril de 1916, el cañón llegó a su emplazamiento, justo a tiempo para apoyar con su fuego el nuevo gran ataque. Permanecerá durante más de un año en el Venerocolo, hasta que en la noche del 6 de junio de 1917, doscientos alpinos y artilleros, superando el Paso de la *Tredicesima* lo arrastraron hasta la Cresta Croce, a 3.313 metros de altura, donde está y puede verse aún hoy.

Como ya he dicho, mientras esquiábamos el Papa Juan Pablo II volvió a preguntarme sobre la cruz, informándose sobre si era una referencia para la fe de nuestra población. Le respondí que sí, subrayando que en verdad era una referencia por las oraciones de sufragio, cuando nos dirigíamos con el pensamiento a todos esos pobres fallecidos, aún enterrados bajo la capa de nieve perpetúa. Me interrumpió diciéndome: "Digamos una oración ahora por esos pobres soldados fallecidos . . .". Lo hicimos. Después le volví a explicar cómo todos nosotros, desde pequeños, hemos tenido que ver con ese triste pasado cuando encontrábamos de vez en cuando signos visibles de la Gran Guerra: a menudo, le conté, se encontraban restos de las redes defensivas, jirones de vestidos y zapatos, los esqueletos de los mulos y, desgraciadamente, de los pobres soldados.

Añadí solamente que la cruz representaba también para mi familia y para mí algo bello y querido, puesto que parecía proteger nuestro refugio desde lo alto. Se quedó impresionado, verdaderamente impresionado, y de nuevo hizo sus reflexiones sobre ese tema con don Stanislao, en voz baja y en polaco. Después de la última bajada, pidió decir una oración en dirección de la Cresta Croce.

Volvió pensativo, y nosotros con él, y rezamos juntos un cierto número de Ave María. Despertó mi curiosidad el hecho que no rezara otras oraciones, como por la mañana, pero sólo y exclusivamente oraciones dirigidas a la Virgen. Hoy, sólo hoy, me doy cuenta de cómo esto entraba en una lógica concreta, que entonces no pude entender. Hacia las 19 horas volvimos a casa y lo vi aún mas contento, si cabe, de volver a saborear la atmosfera familiar. Nos sentamos fuera, en un banco en la terraza, saboreando un té, como testimonian las fotografías que hice entonces. Lo hizo con evidente placer, también porque yo ya había observado que necesitaba hacer pequeñas comidas ligeras. También mientras esquiábamos se llevaba dos galletas o dos trozos de pan con “speck”[6]. La operación quirúrgica en el intestino, consecuencia de la herida en el atentado, le había impuesto ese tipo de comidas. Como dicen los médicos: “A menudo y poco”.

---

6. Ver nota 6, cap. II.

Mientras estaba allí sentado, me volvió a preguntar sobre la cruz: la teníamos delante, desde allí la podíamos ver enfrente con toda nitidez, se recortaba claramente sobre el celeste del cielo, que había disminuido un poco su color por el tono más dulce del atardecer. Con nosotros estaban sentados mi hermano Franco y otros dos o tres íntimos amigos que habían esquiado con nosotros. Él se dirigió hacia ellos haciéndoles las mismas preguntas que me había hecho a mí, preguntando mayores detalles sobre esa cruz de madera, sobre cómo se había hecho, sobre quién y cuándo había sido puesta allí. Parecía ansioso de escuchar en boca de otros lo que yo le había dicho, como queriendo tener una comparación precisa. Entonces volvió a la conversación de la tarde. Oigo aún en mis oídos su voz: "Pero esta cruz es de madera, ¿de qué madera?".

Le mostré una foto colgada en la pared, en una estancia del refugio. La tomó entre sus manos y la observó durante mucho, mucho tiempo. Después permaneció unos minutos en silencio, sumido en sus pensamientos. Todas las personas allí presentes recordarán este detalle de forma nítida, todos se prodigaron en descripciones y explicaciones mientras él permanecía callado, me atrevería a decir turbado, por esa vetusta cruz hecha con dos frágiles troncos, aún envueltos por una corteza erosionada por los vientos, convertida en algo similar al corcho. Después se retiró a su habitación para cambiarse y bajó poco después. Jersey gris, pantalón oscuro, el cabello peinado hacia atrás . . . se dirigió hacia la cocina donde mamá estaba preparando la cena.

Se quedó allí, charlando sentado en una silla en un rincón, como hace un abuelo que espera que las mujeres de casa acaben de "trastear". Es una escena que hoy me parece irreal: un Papa, un futuro santo, un hombre que regía el destino de la Iglesia católica, sentado al lado de la estufa, engañando al tiempo en la cocina de mi casa. Si no estuvieran las fotos que hice, con las cacerolas colgadas en la pared, a veces pensaría que he soñado. Recuerdo que don Stanislao se reía pensando en los comentarios, la curiosidad, la agitación que debía haberse creado en los ambientes periodísticos internacionales tras la difusión de la noticia comunicada a la prensa por Pertini: "Quizá que dirán, que comentarán sobre el hecho que Pertini y yo estemos aquí de vacaciones . . .".

Encendimos la televisión, que estaba en la cocina, justo a tiempo para el telediario de las 20 horas. El telediario abrió justamente con el título: "El Papa y Pertini esquiando juntos en el Adamello". Después el Papa, dirigiéndose a mi madre, empezó a pedir detalles sobre nuestra familia: si aún vivían los abuelos, cuántos años hacia que estaba casada con papá, si el matrimonio de la hermana casada iba bien, si los otros estábamos comprometidos, cómo iba el trabajo . . . Se veía que no lo preguntaba por preguntar, por cortesía, sino por interés real, quería entrar más en los detalles de esa armonía familiar que tenía ante sus ojos. En un determinado momento los habíamos dejado hablar solos en un rincón porque se veía que él tenía ganas de estar un poco apartado con ella. Mi madre siempre cuenta que, repentinamente, lo vio enmudecer, entristecido. Ella permaneció en silencio y tuvo el coraje de ir a la sala donde estaba don Stanislao, con quien tenía más confianza, para decirle: "Quizás el Santo Padre no se encuentra bien, su expresión ha cambiado, de repente se ha entristecido".

Él le respondió: "No, no se preocupe doña Carla, estará pensando en su familia, en su madre. Me ha dicho que ustedes le recuerdan los pocos años felices en los cuales su madre vivía . . .".

Entonces, resuelta, mamá volvió a entrar en la cocina y dijo: "Santidad, son casi las nueve, vamos a cenar".

Y el Papa: "Sí, pero yo no me siento a cenar si usted no se sienta cerca de mí, no como hoy a la hora de la comida, en que usted ha permanecido siempre en la cocina".

Y así fue. Es más, a mitad de la cena el Papa hizo un gesto a don Stanislao, el cual fue a buscar un paquete y se lo entregó. Él mismo lo abrió: se trataba de un bonito cuadro que representaba la Virgen Negra de Czestochowa. Lo apoyó sobre la mesa, lo bendijo solemnemente y se lo entregó a mamá.

Le dijo sentidamente: "Esta Virgen estará siempre con ustedes, protegerá a toda la familia y la ayudará en cualquier circunstancia en que lo necesite".

Mamá, conmovida, le dio las gracias aguantando las lágrimas. Fue él quien la ayudó a superar ese momento emotivamente muy intenso empezando a explicarle lo unido que estaba él mismo al culto de la Virgen Negra, conservada en Jasna Góra, en su Polonia. Explicó que se trataba de un ícono bizantino de tradición medieval. Le leyenda narra que fue pintado por San Lucas que, habiendo sido contemporáneo de la Virgen, había podido pintar su verdadero rostro. Contó que el santuario donde estaba custodiada, además de ser un lugar lleno de historia, era también un lugar de cultura, con una biblioteca que contenía más de cuarenta mil preciados manuscritos. Dijo que en todos los momentos de gran dificultad, el pueblo polaco se había congregado alrededor de la Virgen Negra y que cada verano, decenas de miles de fieles se ponían en marcha para ir a pie a ese lugar de culto. Dijo que también él había hecho esa peregrinación en 1936, partiendo de Cracovia. Hizo referencia a la posibilidad de obtener una gracia rezando directamente a la Virgen Negra:

"Oh, Chiaromontana Madre de la Iglesia,
Con los coros de los ángeles y nuestros santos patronos,
humildemente nos postramos frente a Tu trono.
Desde hace siglos Tú resplandeces de milagros y de gracias
aquí en Jasna Góra,
sede de Tu infinita misericordia,
mira nuestros corazones que te presentan el homenaje
de veneración y de amor.

Despierta dentro de nosotros el deseo de santidad;
haznos verdaderos apóstoles de fe;
refuerza nuestro amor hacia la Iglesia.
Obtén para nosotros esta gracia que tantos deseamos . . .
Oh madre de rostro señalado, en Tus manos deposito mi persona y a todos mis seres queridos.
En Ti confío, seguro de Tu intercesión ante Tu Hijo, a gloria de la Santísima Trinidad.
Bajo Tu protección nos refugiamos, oh Santa Madre de Dios;
Míranos, pues estamos necesitados.
Nuestra Señora de la Montaña Luminosa, reza por nosotros.
Amén".

Precisamente en estos días, veintiséis años después de los acontecimientos que estoy narrando, cuando he decidido escribir estos recuerdos y reflexiones, el ícono de la Virgen Negra representa un consuelo para mi familia que se encuentra en una situación especialmente dolorosa. Desde entonces está colgado en el dormitorio de mamá Carla y papá Martino. De nuevo, no puedo hacer otra cosa sino agradecer a Dios por los grandes recursos espirituales que ese hombre, su mensajero, trajo a mi familia, y sobre todo en momentos como éste.

Al contrario de la comida, la cena fue frugal. El Papa, que se sentía ya como en familia, había dicho sin rodeos qué le gustaría cenar. Se hizo preparar una sopa caldosa, comió con gusto un trozo de queso alpino fresco, que ya había probado en la comida. De postre comió sólo un trozo de manzana y para acabar pidió una cucharita, pero sólo una cucharita, de Fernet[7] que saboreó lentamente, como si fuese una medicina. Al terminar la cena, de repente el Papa se levantó y dijo: "Perdonen, pero debo terminar mis oraciones, subo a mi habitación".

Todos nos quedamos fuera hablando, atentos a hacerlo en voz baja para no molestarle. Mirando hacia arriba, hacia su ventana, me di cuenta que no había cerrado las persianas. Aún había claridad, la noche allí arriba tarda en llegar, una claridad polvorienta de un color azul pálido resiste durante mucho tiempo cediendo a la oscuridad mucho más tarde. Desde su habitación, allí arriba, la cruz, esa frágil cruz era perfectamente visible, diría incluso que estaba enmarcada por la visual de la ventana como un marco. Hoy estoy absolutamente seguro que, retirándose como cogido por una súbita prisa, había querido estar solo en presencia de esa cruz, un emblema que estaría siempre, después, más presente en su vida.

Por la mañana, hacia las seis y media, estábamos ya todos a su alrededor en el comedor para la misa. La celebró antes del desayuno. Una misa rápida, pero muy intensa por su participación. Todos comulgamos,

---

7. Licor inventado por B. Branca a principios del siglo XIX, de gran gradación alcohólica, amargo, fabricado haciendo macerar y digerir en alcohol varias hierbas, raíces y especias entre las cuales la genciana, el ruibarbo, el aloe, la regaliz, y luego madurado durante mucho tiempo en toneles de roble.

tomando la Eucaristía de sus manos con evidente emoción. La noche antes yo había pedido confesarme con don Stanislao.

En la homilía habló de los caídos del Adamello, invitándonos a dirigir a menudo nuestras oraciones por esos pobres muertos, allí sepultados y olvidados. En el desayuno comió con buen apetito. Leche, café, pan y queso y después un dulce que él mismo pidió. La noche anterior había expresado a mi madre el deseo, haciéndole grandes cumplidos, de poder comer esa torta de frutas tan buena. Ella, con gran placer, se levantó a las cuatro de la mañana para meterla en el horno, para que la tomara aún humeante. El Papa lo agradeció muchísimo. Se levantó de la mesa para coger otro trozo y don Stanislao, con falso tono de reproche: "Pero Santidad, ¿qué hace? Continúe comiendo en la mesa, apoye la tarta en un platito . . .".

Y el Papa, riendo: "¿Por qué, así en las manos no va bien? Mis manos son un óptimo plato, ¡me las ha hecho mi madre!".

Después lo dejamos solo para que se cambiara: se quitó las vestiduras sagradas y se vistió de esquiador y, bajando, se las entregó a mi madre, susurrándole: "Le quedarán como recuerdo".

"Las utilizarán los sacerdotes que vengan aquí arriba para celebrar la misa".

Angelo, su asistente personal, le pidió después a mamá que ordenase personalmente la habitación del Papa, especificando que nadie más podía entrar. Y así se hizo. Mientras tanto, sin nosotros saberlo, mucha gente había vivido esa noche con gran temor. El primero de todos, el querido comandante Colombo, que se había encontrado, tras la comunicación imperiosa de Pertini y la difusión de la noticia, teniendo que hacer frente a una situación muy complicada con pocos hombres y escasos medios. Con el pasar de las horas, muchas personas, por varios motivos, habían empezado una especie de "asedio" al Adamello para poder ver al Papa en una ocasión tan especial. En las montañas de los alrededores abundaban periodistas, fotógrafos, habitantes de la zona, fieles o simples curiosos, llegados con la esperanza de poder subir al refugio. Lo que causaba mayor preocupación, aparte de la seguridad del Santo Padre, era el peligro, no tan remoto, que alguien, por ligereza o inexperiencia, pudiera acabar en un aprieto subiendo al glaciar sin conocer el terreno, aventurándose sin las debidas cautelas, pensando en hacer una simple excursión a pie. La subida a un glaciar a más de tres mil metros no es algo que uno pueda hacer siendo inexperto: basta pensar en las grietas, en el hielo sobre el que se puede resbalar si no se lleva puesto el calzado apropiado, en las condiciones atmosféricas que pueden cambiar repentinamente . . .

Sin embargo, al amanecer, mientras el Santo Padre aún estaba descansando en su habitación, nos avisaron que dos hombres habían conseguido, durante la noche, superar las barreras y controles de seguridad, llegando cerca del refugio. Fui para controlar su identidad. Por suerte los conocía: se trataba de un periodista del diario "Adige" y de un guía local, un hombre que vivía en Giustino, localidad no lejos de la nuestra. Informamos del episodio también al Papa y fue él mismo quien nos pidió que los dejáramos subir: habían caminado toda la noche en el hielo y visto que en las horas nocturnas la temperatura desciende por debajo de los cero grados, era necesario darles de comer. El Santo Padre parecía más bien divertido, los saludó afablemente y les pidió que le contaran con detalle como habían conseguido subir eludiendo la vigilancia. Lo contaron con visible emoción: habían salido del glaciar de Mandrone, subiendo por la zona comprendida entre el sendero 236 y la localidad Ferramenta.

El Papa, sonriendo, abrevió: "Bien, nosotros ahora nos vamos a esquiar. Veo en cambio que ustedes están muy cansados, han caminado toda la noche por lo que es oportuno que vayan a descansar".

Y sin tantos cumplidos pidió que se pusiera a su disposición una habitación para que descansaran y los hizo acompañar por mi madre: "Doña Carla, asegúrese que descansen bien y por mucho tiempo, porque están muy cansados y no es oportuno que salgan".

Los había "puesto en su sitio", podíamos estar seguros que no nos seguirían a las pistas . . . En cambio, abrazó con gran y paternal emoción al muy joven recluta de los soldados alpinos, Gabriele Pedretti, de Carisolo, hijo del querido amigo Faustino, propietario, y él mismo obrero, de una cantera de piedra de la zona. Una persona de gran fe que, a través de su trabajo, algunos años después, habría realizado una empresa gigantesca para edificar lo que estaba en los deseos y sueños del Santo Padre. Al Papa ese hombre inmediatamente le inspiró simpatía, porque también él, de joven, había trabajado en una cantera de piedra en Polonia. ¡Sabía muy bien lo duro que podía ser ese trabajo! De este modo, su hijo Gabriele, el "pequeño alpino", que entonces tenía sólo veinte años, quedó con simpatía en los recuerdos y conversaciones del Papa.

Esa vez, sin decir nada a sus superiores, se había escapado del cuartel por la noche y, tras haber caminado durante horas, se había presentado, en el amanecer de esa mañana del 17 de julio de 1984, junto a uno de los bloques puestos para la barrera de protección del Pontífice.

Había dicho que era un querido amigo de nuestra familia y que tenía un inmenso deseo de saludar al Papa. Pero a pesar de toda su insistencia estaba a punto de ser enviado de vuelta. Intervino en su ayuda otro amigo, el carabinero Rino Pedergnana, que pidió al comandante Colombo un permiso especial para dejarle subir. Se le respondió que no y él, enojado: "Le ruego que le dejemos pasar, es un alpino y cuando han muerto no han tenido ni siquiera el tiempo de hacerse el signo de la cruz".

Dos horas más tarde, el "pequeño alpino" estaba con el Papa, que lo estrechaba en un abrazo afectuoso delante de mi objetivo para una foto de recuerdo. Pero, al rato, vi por primera vez como un Papa y un futuro santo puede enfadarse, y mucho. Se enfadó cuando se dio cuenta de que según las informaciones de sus colaboradores, la situación estaba verdaderamente escapando al control de la seguridad. Además, las previsiones meteorológicas hablaban de un inminente empeoramiento de las condiciones atmosféricas.

Vi verdaderamente su rostro oscurecido y, como siempre, hablar de forma excitada en polaco con don Stanislao. En pocos minutos se tomó una decisión lamentable, pero necesaria. Por razones obvias se adelantaba la vuelta, partiendo la misma tarde, en lugar de quedarse hasta el día siguiente, como estaba previsto. Aunque muy disgustado, recobró el buen humor saliendo por la puerta y viendo que, a pesar de todo, hacía un día espléndido: un sol fulgurante brillaba sobre las nieves del glaciar. Quiso volver a esquiar en las pistas de Cresta Croce, donde habíamos estado el día antes. Subimos de nuevo en la motonieve atravesando una zona desde la cual se podía ver la cumbre del Carè Alto, una montaña de 3.462 metros de altura. El Papa, cuando la oyó nombrar, evidentemente asombrado, nos reveló un secreto: "Es aquí, justamente aquí, en esta montaña, donde mi padre combatió. Los polacos, si eso es posible, fueron tratados aún peor que los otros, se les asignaban los peores trabajos".

Vimos que estaba conmovido y lo dejamos algunos minutos mirando hacia fuera en silencio, recorriendo los recuerdos vinculados a su padre. Solo más tarde, cuando tuve ocasión de informarme, supe que, efectivamente, en ese trecho de montaña, hubo una prisión y que una pequeña iglesia de madera situada a una decena de metros del refugio Carè Alto había sido construida precisamente por un grupo de prisioneros ruso-polacos. únicamente desde ese punto sube un antiguo sendero militar hasta la cresta oriental del Carè Alto y lleva aproximadamente una hora de camino llegar a la "boca del cañón", a una altura de 2.859 metros. No he oído ni leído en ninguna publicación ni siquiera una alusión a la experiencia de guerra del padre del Papa. Quizás tampoco él haya hablado nunca de ello con detalle, decidiendo revelar un aspecto tan íntimo de su historia familiar solo ante mí, en esos momentos y en esos días tan especiales.

Puestos de nuevo los esquís, volví a ver en sus ojos la pura alegría de un hombre revitalizado por el aire libre, por elementos de la naturaleza que le son plenamente propios. De nuevo ese evidente placer de la libertad en la velocidad de la bajada, los pequeños riesgos, la temeridad de la persona deportista que goza del propio dominio, capaz de fundirse idealmente con todo lo que le rodea. A mediodía se rezó el *Ángelus* e inmediatamente después conversamos de nuevo sobre la guerra. Me preguntó sobre la ciudadela en ruinas, de cómo estaban dispuestas en realidad esas barracas, los torreones, los cimientos, elementos que aún hoy, en verano, se puede ver cómo reaparecen. Intenté ser muy preciso, exponiéndole con detalle todo lo que sabía. Le expliqué que las barracas surgían justamente alrededor de nuestro refugio, a algunas decenas de kilómetros de distancia. Confirmé que el mismo refugio había surgido sobre los restos de un cuartel y, probablemente, de una prisión. En los tres largos años de este terrible conflicto y por la obvia necesidad de construir refugios que defendieran a los pobres soldados de su enemigo número uno, el frio, había sido necesario construir un amplio cuartel general hecho de casetas de madera. Añadí que también existían construcciones verdaderas. En resumen, se trataba de una especie de "ciudadela" fortificada con pasajes subterráneos y locales excavados en la roca.

Le expliqué que una galería de cinco kilómetros dotada de ochenta salidas de ventilación unía el Paso Garibaldi con el Paso de la Lobbia, atravesando veinticinco grietas. Le hablé de los aludes, otro grave peligro al que tenían que enfrentarse los soldados, un fenómeno que en el invierno de 1916-1917 provocó más víctimas que los combates.

Exactamente por este motivo sólo se podía comprender hasta el fondo el drama de la Gran Guerra si se tenía en cuenta también las decenas de miles de muertos por las avalanchas y por congelación, así como los indescriptibles sufrimientos de hombres obligados a sobrevivir antes que a combatir. Recordé un detalle que nos habían ilustrado en el colegio, que explicaba cómo las primeras tropas alpinas, utilizadas en los puntos más elevados de nuestras montañas, llevaban puestos aún los uniformes de tela de la guerra de Libia ¡a 3.500 metros!

Conté, tal como me lo habían explicado en tantas narraciones nuestros ancianos, sobre el gran valor de dos cuerpos, el de los alpinos por una parte, y el de los Tiroler Kaiserjaeger por otra. Muchas de estas cumbres tenían y tienen pavorosos precipicios y muchos soldados, acabadas las municiones, se precipitaron al vacío agarrados a los soldados enemigos en un desesperado cuerpo a cuerpo. Mencioné los sepulcros que recogen los restos de estos soldados, construidos en casi todos los cementerios de la zona y de cómo para muchos de ellos, en cambio, la sepultura sería la de los hielos para la eternidad. Del mismo modo, nuestros abuelos nos habían contado que gran parte de los alpinos elegidos para combatir en alta montaña procedían de nuestra región, reclutados entre los mismos campesinos, pastores y montañeses que conocían el terreno y llevaban en el corazón el espíritu de defensa del territorio. Antes aún de los confines de la patria, querían proteger sus propias aldeas, la propia comunidad y, sobre todo, las modestas posesiones agrícolas obtenidas en llanuras intermontanas o pastos alpinos.

Añadí que también las mujeres, en las montañas, estuvieron ocupadas con la guerra: esposas, madres, prometidas y parientes de los soldados tenían la tarea de abastecerles de alimentos y de consuelo. Todo ello, por lo tanto, alcanzando a las tropas desplazadas en las cimas y poniendo en peligro sus vidas. Todo esto le impactó mucho. Veía en sus ojos una grandísima pena y habría querido detenerme con esas historias que le entristecían, en el fondo estábamos allí para esquiar, hacía un día precioso y era su último día de vacaciones. Pero él seguía preguntándome, queriendo desentrañar los detalles y pidiéndome más . . . .

Pensaba, obviamente, en un interés espiritual por parte del jefe de la Iglesia católica frente a una terrible tragedia histórica de la humanidad y me venía a la memoria una frase suya: "¡La única guerra digna del hombre es la guerra a la guerra!".

Pero tuve la extraña percepción, inmediata y profunda, que todo esto tenía que ver con él de forma muy directa. Entonces pensé en la participación de su padre, al dolor y la nostalgia por él. Y era seguramente verdad, meritoria. Pero hoy sé que había más, ¡mucho más!

Había algo que guardaba celosamente en su alma: el núcleo de una verdad que se abría en su mente, algo que habría constituido la base de un vínculo especial que, después, se habría establecido. Algo en lo que pensaba desde hacía tiempo y que se había confirmado a través de mis palabras, sin que yo me diera cuenta de ello. Muchas veces, en los años sucesivos, me di cuenta que Juan Pablo II tenía hacia mí y también hacia mi familia un afecto y una atención que eran algo más del habitual testimonio de una amistad fuerte y solidaria. Ese "algo más" se había creado en esas horas, en la época de nuestro primer encuentro en el Adamello. Mucho tiempo después, comentando con el Papa una de las expediciones alpinas que me ha llevado a realizar escaladas en las montañas más altas del mundo, oí que me dirigía una pregunta a quemarropa: "Lino, ¿quién, qué te empuja a llegar a la cima de esas montañas? ¿Por qué lo haces?".

Le respondí: "Porque me gusta entender y descubrir lo que hay más allá; cuando llego a la cima me parece que puedo comprender, que tengo una visión distinta de las cosas".

Y él: "Es lo mismo para mí. Estamos buscando lo mismo, he aquí porqué nos entendemos". Pero añadió, y no lo olvidaré nunca: "Pero recuerda que llegados a la cima sólo se puede bajar. ¡Mucho más allá el hombre no puede ir!". Hoy he entendido que es verdad. Aquel 17 de julio el equipaje ya estaba preparado por la mañana, y todo estaba listo para la partida del Papa por la tarde. Justo en el momento en el que llegaron los helicópteros y todo el servicio de orden había sido preparado por los carabineros de Pinzolo, sucedió algo inesperado. A primera hora de la tarde, bajando de su habitación, el Papa había cambiado de idea. Se había puesto de nuevo la ropa de esquiar y, dirigiéndose a papá, le dijo: "Entonces, Martino ¿no me llevaría de nuevo a esquiar?" En la plaza del refugió me agarró aparte: "Lino, ¿me llevas de nuevo arriba, a Cresta Croce?".

Dejamos allí a las autoridades, los helicópteros, los agentes y sus colaboradores. Se cambió también la conexión con el avión que, desde Verona, lo llevaría a Roma. Hoy, ese deseo, a la luz de todo lo que se habría verificado en los años venideros, me parece legítimo y bellísimo. Esa tarde esquió y nada más, no me hizo más preguntas, no mostró dolor ni particulares emociones: parecía contento sólo de estar allí y, quizás, un poco apenado por el hecho de tener que irse. Observaba todo con mucha atención, como si quisiera fijar para siempre en la memoria y en el corazón cada detalle del bellísimo paisaje que se recortaba en el horizonte.

Durante la última bajada quiso detenerse sólo cinco minutos para una oración delante del torreón que nosotros llamamos el "observatorio", exactamente sobre la ciudadela fortificada, y después, en marcha otra vez... Cuando volvimos encontramos que nos esperaban, además de varias autoridades que habían venido a rendirle homenaje, también la familia que, cuando llegó al refugio, había sido alejada con la excusa de los artefactos bélicos que había que hacer estallar. Había sido él quien lo había solicitado expresamente tras haberlo sabido, para desearles que continuasen serenamente sus vacaciones.

Volvió a la habitación para cambiarse y después todos lo acompañamos alegremente al helicóptero, con una pizca de pesar porque nos habría gustado tenerlo con nosotros al menos otro día. Recuerdo el momento en que me incliné para besarle la mano: me detuvo, me saludó con afecto y con su inconfundible voz me dijo: "Lino, te espero pronto en el Vaticano, a ti y a toda tu familia, tu bella familia". El rotor del gran pájaro de hierro se puso en marcha, cubriendo el gran vocerío de los saludos y los gritos de alegría. En una nota escrita de su puño y letra, el buen comandante Luciano Colombo, que tanto había hecho para garantizar la seguridad del Papa, escribió:

"Juan Pablo II ha partido a las 19.30 horas del 17/07/1984. La campana, símbolo de los caídos del Adamello, se puso a sonar y esa vibración, llena de sentimiento y siempre más lejana, nos siguió hasta donde terminaba el hielo. Todos notamos un sentimiento de melancolía, como si un queridísimo amigo nos hubiera dejado repentinamente. Cuando pasamos delante de la iglesia de Mandrone, sin saber por qué, nos detuvimos. Hubo quien rezó y quien, no sabiendo recitar una oración, murmuró unas palabras de agradecimiento. Era la fe que, calladamente, llamaba a la puerta de nuestros corazones. Cuando desapareció de nuestra vista nos sentimos todos exhaustos, cansados y deseosos de retirarnos para estar solos. Saludamos velozmente a todos los presentes y nos encerramos en casa. De repente nos pareció que se hubiera creado un gran vacío".

Era totalmente cierto. No hablamos mucho ni siquiera entre nosotros; cada uno, en el fondo, quería estar solo y lo hicimos sin expresarlo. De repente, también yo me sentí cansadísimo, más que si hubiera escalado una de mis montañas. Esa noche, ya en la cama, me parecía que hacia un inventario: de sus sonrisas, de sus gestos, de sus miradas y de sus preguntas. Era normal sentirse emocionado después de haber estado con un Papa, y dicha sensación era común a todos los presentes.

Pero yo sentía que no era sólo esto. Para mí había algo más: como una referencia implícita, misteriosa y, sin embargo, clarísima a mi vida. Percibía un sentido de responsabilidad y, al mismo tiempo, de asombro por un vínculo tan fuerte, generado en pocas horas. Pensaba que no lo vería nunca más, a no ser en la televisión, o de lejos. A lo mejor, con suerte, habría podido asistir a una de sus celebraciones en el Vaticano. Habría sido lógico. Pero sentía, sin ninguna duda, que no era así, que no habría sido posible. Con toda la familia había habido simpatía y un sincero intercambio afectivo. Conmigo un "abordaje" de ojos, los suyos como ganchos en los míos, buenos, apacibles, pero capaces de revolverte el alma. Y nosotros dos hablando con toda esa nieve alrededor que, poco a poco, mientras le contaba sobre los muertos, parecía teñirse del rojo de su sangre.

Estaba en mi casa, en mi territorio y esas historias las había oído centenares de veces; sin embargo, sentía que estaba dentro de ellas como nunca antes, como si el Papa y yo no hubiésemos hablado de cosas acontecidas hace casi cien años, sino algunos días atrás.

Toda esa pena, ese dolor, se había como transferido sobre mí, por medio de un misterioso proceso de vasos comunicantes del alma. Y la cruz seguía volviendo a mi mente, no conseguía expulsarla de mis ojos: nítida, recortada en ese trocito de cielo que se veía desde la ventana que, por una noche, había sido la suya. Sin persianas cerradas, abierta al universo, a ese mundo lleno de todo el dolor del pasado y, quizá, a qué otros pensamientos.

Me levanté y fui a esa habitación, abrí de par en par la ventana y busqué con los ojos la Punta, ese penacho de roca, buscando la cruz. Pero ya se la había tragado la oscuridad de la noche. No se veía nada. Pensé, no sé por qué, que se la había llevado consigo, me pareció verla: tan tosca, de madera pobre, tan consumida que parecía corcho, entre los encantos opulentos del Vaticano: estucos, oros, estatuas, santos y columnas, todo el resplandor renacentista y ella, mísera, pobre cruz, tan consumida que daría pena a los ángeles. Estaban sólo la oscuridad y mi tranquila soledad.

Pero, alzando los ojos al cielo, vi tal montón de estrellas que me quitaron la respiración: parecía que todos los astros celestes se hubieran dado cita para aquella noche. Alcé una mano hacia lo alto y tuve la sensación que podía tocarlas de lo cerca que estaban. Me pareció una buena señal.

Unos días después fui donde un fotógrafo, amigo de confianza, para que revelase las fotografías que habíamos hecho: eran intensas, bellísimas, afianzaban de verdad todas las emociones sentidas, hasta fijar los recuerdos de unos días profundos e inolvidables. Tras la partida del Papa empezamos a recibir un auténtico asalto por parte de la prensa de todo el mundo: ofertas de los periódicos para tener alguna foto y la crónica de esos momentos. Los periódicos semanales, tanto italianos como extranjeros, llegaron a ofrecernos cifras de mareo, pero rechazamos hacer declaraciones o dar alguna imagen. Pero no sabía como comportarme, había hecho algunas fotos para que fuesen un recuerdo también para el Papa y, en cambio, estaban en mi poder. Don Stanislao me había dado su número de teléfono directo en el Vaticano y decidí llamarlo.

La alegría de oírme fue clara y sincera, me pareció volver a encontrarme con un amigo de hace mucho tiempo y por ello fui inmensamente feliz. Cuando le expuse la dificultad en la que me encontraba, tan presionado por los periódicos, me respondió enseguida: "Ven a Roma, lo resuelvo yo. Te espero".

Tomé un avión y fui a Roma a verle. Tomamos un café en su estudio, conversamos con placer de las jornadas en el Adamello y volvió a decirme que el Papa había sido muy feliz. Después seleccionamos juntos una decena de fotos, muy pocas, como él indicó. Fueron entregadas a la prensa: el Papa sólo esquiando, una conmigo y con Pertini, una que retrataba al Papa con el presidente de la República, . . . Inútil decir que tuvieron una difusión sin precedentes, provocando curiosidad, simpatía y ternura en los lectores de todo el mundo: era singular ver a un Papa y a un presidente felices como dos muchachos que han hecho novillos ¡para hacer una excursión a la montaña! El resto de las fotos don Stanislao me las devolvió diciendo: “Hemos apreciado mucho tu discreción; estas fotos son tuyas, representan bellos recuerdos para todos ustedes, puedes disponer de ellas, sabemos que harás un buen uso de ellas”.

Le agradecí mucho la amigable confianza y le hice una promesa: “Mantendré estas fotos solamente para nosotros, para nuestro álbum de familia. Mientras el Santo Padre esté en vida serán recuerdos privados, como también el resumen de estas jornadas, que por ahora debe ser sólo nuestro”. Han pasado los años y así ha sido.

Ni siquiera después de la muerte de Juan Pablo II quise contar y compartir los recuerdos fijados en esas imágenes. Es verdad que hay una estación para cada cosa. Apenas he sabido de su beatificación, he sentido que había llegado el momento: él, ahora, estaría contento. Y por primera vez he abierto el muro de los recuerdos, que se han derramado como una avalancha.

V

SEÑALES DE SANTIDAD

EN SEPTIEMBRE, un par de meses después del encuentro en el Adamello, mi hermano Franco y yo fuimos a Roma para saludar al Papa en el Vaticano; la cita había sido organizada de modo informal y apresurada gracias a la intercesión del fiel don Stanislao. Verle de nuevo fue maravilloso: nosotros estábamos muy emocionados y él, de óptimo humor, nos decía una ocurrencia detrás de la otra, nos divertía con su sutil ironía. Permanecimos con él una media hora, pero luego supimos que para estar todo este tiempo dialogando con nosotros había hecho esperar a un jefe de Estado africano. Nos fuimos con el corazón henchido, pensando: "Es verdaderamente hermoso tener a un Papa como amigo". Aún más emocionante fue el encuentro que tuvimos con él poco antes de la Navidad de ese año, 1984. A mediados de diciembre nos llamaron por teléfono para comunicarnos que al Santo Padre le gustaría que le visitáramos en sus apartamentos privados, para participar en una misa durante el Adviento e intercambiar con él las felicitaciones. Se nos especificó que quería ver a toda la familia.

Iniciamos los preparativos. Vestimenta adecuada, organización del viaje y la estancia para una decena de personas. Además de mamá Carla, papá Martino y yo, vinieron mi hermano Franco y su mujer, nuestra hermana Renata y su marido y nuestra hermana pequeña, Miriam. La cita estaba fijada para el 22 de diciembre a las 7 de la mañana. El despertador sonó dos horas antes, aunque estábamos muy cerca del Vaticano, alojados en un hotel en vía de la Conciliazione. Todos estábamos muy emocionados. Una cosa había sido asistir a la misa celebrada allí, en nuestra casa, sencilla como una oración en familia, una bendición pascual, y otra era ser admitidos a la liturgia eclesiástica más importante del mundo, allí en el corazón de la cristiandad. Qué tendríamos que decir y hacer, cómo teníamos que sentarnos, cuándo hablar, cómo movernos para acercarnos a él y a la Eucaristía . . . todo nos parecía complicado, pero sin embargo, todo fue bello, solemne y muy sencillo.

Entramos por el Portón de Bronce, situado a la derecha de la columnata, subimos la escalera de piedra y pasamos el control de la Guardia Suiza, vestidos con su original uniforme de colores. Atravesamos el fascinante patio de San Dámaso, que ha visto pasar a reyes, reinas y jefes de Estado de todo el mundo. Subimos al tercer piso del palacio apostólico y recorrimos toda la galería de la izquierda, que corresponde a la Tercera Galería. Desde allí accedimos a las estancias privadas del Papa. Entramos atravesando una puerta situada en un amplio vestíbulo, desde el cual se accede a un salón cercano a su biblioteca privada. Nos hicieron esperar en el pequeño despacho reservado a don Stanislao. Fue justamente él quien nos acogió. Tras saludarnos con alegría, nos introdujo en el estudio privado del Papa, la habitación desde la cual se asoma cada domingo para recitar el *Ángelus* e impartir la bendición *Urbi et Orbi*.

Después entramos en la capilla privada situada al lado de su habitación. Él estaba ya preparado, con el hábito blanco y las vestiduras sagradas de color verde. Silenciosamente nos situamos cada uno en nuestro lugar. Además de nosotros, había una veintena de sacerdotes de distintas nacionalidades a punto de partir a tierras de misión. Si se me preguntara cómo es la misa matutina del Papa y qué procedimiento sigue, o cuánto dura, respondería que es una ceremonia religiosa muy sencilla, a la par que intensa.

Ningún rastro de imposición protocolaria, ninguna turbación; de repente, uno se da cuenta que es del todo natural estar cautivados, concentrados mirándole, siguiendo atentamente sus movimientos y todo lo que transmitía espiritualmente. La única particularidad es que en esas misas no hay homilía, ninguna predicación, ningún argumento, ningún discurso. Antes de la Consagración Eucarística el Papa se recoge silenciosamente en oración, concentrado en una meditación.

Un momento de intensa abstracción que se parecía, si bien en manera menos pronunciada, a lo que había visto allí arriba, en la cumbre del Paso de Lares, cuando se había sentado en aquel peñasco.

Muchas veces, especialmente en estos días, ante la inminencia de su beatificación, me he preguntado cuáles eran las señales de su Santidad. He intentado focalizarlas, prestando atención a los recuerdos para comprender mejor. Me he esforzado en hacerlo con lucidez, con espíritu de observación y de forma racional, sin dejarme involucrar por el énfasis del sentimiento. Pues bien, puedo asegurar, con plena conciencia, que una de las señales que he comprobado es precisamente lo que él conseguía transmitir a quien ha tenido el privilegio inmenso de asistir a sus intensos y sufridos encuentros de oración, llenos de significado. Es como si agarrase el corazón de los presentes, como si cambiase la estructura del tiempo y de las condiciones de la realidad circundante. Pongo un ejemplo: podía ser pocos minutos o también horas, pero después se tenía la percepción que todo había sucedido con la velocidad de un rayo. Lo que permanecía durante todo el día, o incluso más, era en cambio una sensación de paz, de flotación serena sobre todas las cosas de la vida, dejadas en suspenso. Era como si hubiésemos conseguido tomar la distancia de los problemas, las ansias, las inquietudes, aunque sin olvidarse de ellas.

Este es el primer efecto de esa santidad suya: transmitir a borbotones un coraje desconocido para afrontar la propia vida del modo que fuera. Después de haber estado con él, y durante un breve tiempo, uno se sentía valiente, impermeable al daño causado por el dolor, indemne al miedo.

> "¡No temáis! ¡Abrid, más todavía, abrid de par en par las puertas a Cristo . . .!"

Recuerden, estas palabras nos las había dicho aquel domingo 22 de octubre de 1978.

Una vez acabada la misa nos hicieron salir de la capilla privada y nos acompañaron a una estancia frente al comedor. El Papa se cambió, saludó a los otros invitados y se reunió con nosotros saludándonos efusivamente uno a uno; después nos dijo que deseaba que desayunáramos todos juntos.

Entramos en el comedor contiguo, ya preparado. Por supuesto, también don Stanislao estaba presente. Nos sirvieron leche, café o té, acompañados de algunas tartas exquisitas hechas en casa por las tres religiosas polacas de la Congregación del Sagrado Corazón que, con su superiora Tobiana Sobodka, se han ocupado siempre con cariño y discreción de Juan Pablo II. Fueron precisamente ellas las que sirvieron la mesa, con diligencia pero silenciosas y leves como verdaderos ángeles custodios. Como siempre haría en el futuro, el Papa se interesó por todos nosotros, llamándonos por nuestro nombre y pidiendo noticias e información sobre la vida de cada uno. Quiso saber cómo iban las cosas, el trabajo y la vida allí arriba, en la montaña. Nos preguntó como íbamos a pasar las fiestas navideñas y se detuvo con evidente placer recordando el Adamello, es decir, "nuestro Adamello", como habría dicho siempre a partir de ese momento.

Salimos de la Ciudad del Vaticano con la sensación de haber soñado: nuestra familia al completo desayunando con el Papa Wotjyla, tal vez el hombre más amado del mundo. Haber podido conversar con él como si fuese un miembro de la familia nos pareció, en verdad, fruto de una extraordinaria predilección. Mi madre, mi cuñada y mi padre se hicieron largos y entusiastas comentarios sobre la solemnidad de los lugares que acabábamos de visitar, sobre la belleza única de los palacios y de sus interiores.

Cierto, pero más tarde habría sabido, por boca de "mi" Papa, como esa sede rica de historia y de esplendor representaba también, a veces, una verdadera prisión para él. En el Vaticano, el sucesor de Pedro ejercía su misión de Sumo Pontífice con abnegación total, pero el hombre encontraba durante esos momentos de descanso y contemplación en las montañas una cercanía espiritual a Dios más auténtica.

Ha sido, por lo tanto, un inmenso privilegio poder haber sido testimonio y compañero de sus viajes a la montaña, a la búsqueda del soplo impetuoso de la libertad, pero también de lo esencial: su relación más intensa con Dios.

A principios de la primavera de 1988, antes de partir para una importante expedición a Asia, volví a verle. Tenía programada la escalada del Cho Oyu, una montaña de 8.000 metros situada en la frontera entre el Tíbet y Nepal, a pocos kilómetros del Everest. Llegué al Vaticano por la mañana y, de nuevo, me acompañaron a sus apartamentos para participar en la misa en la capilla privada. Después conversamos durante mucho tiempo sobre mi próximo proyecto. Tenía mucha curiosidad sobre mi viaje y me preguntó cómo me habría enfrentado a la escalada y cómo me había preparado. Quiso saber también por qué había elegido precisamente el Cho Oyu.

Le expliqué detalladamente que era la sexta montaña más alta del mundo y que presentaba características muy excepcionales por sus colores impresionantes y los panoramas que ofrecía durante la subida. Por esto se la denominaba la "Diosa Turquesa". Le expliqué también que una vez alcanzada la altiplanicie final, a 5.650 metros de altura, se podía observar la maravillosa vertiente norte del Everest. Me preguntó también sobre los peligros que presentaba la escalada. Le contesté que el peligro más grande podía ser la facilidad con la cual se podía perder uno en caso de niebla o escasa visibilidad, a partir de los 5.000 metros en adelante, en la altiplanicie. Superada una franja rocosa al inicio, de hecho, había a continuación un terreno más bien llano y uniforme, con escasas referencias visuales, cosa que podía confundir y hacer perder la lucidez en la elección del camino. Le expliqué que como todas las montañas del Himalaya, ese gigante no tenía que ser minimizado pues afrontarlo exigía un entrenamiento adecuado, aclimatación y preparación técnica. Me escuchó con gran interés, diría incluso que con un poco de envidia; se notaba que, en otro tiempo y en otras circunstancias, le habría gustado estar en mi lugar. A continuación supe cuántos recuerdos le vinculaban a los montes Tatra, en Polonia. Me contó sus vacaciones de acampada, del hecho que fueran vacaciones mixtas, cosa muy inusual en esos tiempos, y cómo esa atmósfera prehistórica le inspiró, precisamente, el drama teatral "*El taller del orfebre*".

Me habló también, con una pizca de orgullo, de su destreza y de la de sus amigos cuando bajaban en canoa los rápidos de los torrentes, que en esos lugares son muchos e impetuosos. Pero de todo esto me fue hablando en los años sucesivos, cuando nuestra relación se fundaba ya sobre una cierta confianza. Ese día, en cambio, tras un largo momento de reflexión y de silencio, me dijo: "A esa montaña llevarás y plantarás una cruz que yo te daré. De ahora en adelante tu serás nuestro "apóstol de las montañas". Debes llevar una cruz a las montañas más altas y espléndidas del mundo. Tu misión será llevar la cruz de Jesús a las montañas".

Me quedé muy asombrado por estas palabras: enmudecí, no sabía qué decir. Pero él, como de costumbre, no perdió el tiempo y pasó a los hechos. Mandó traer enseguida un estuche verde del cual sacó una cruz de casi veinte centímetros. La bendijo y me la ofreció. Se despidió, recomendándome prudencia y pidiendo que le diera noticias mías apenas regresara a Italia. Tres meses después, se las di. Había superado la fatiga, el frío, las ventiscas y temperaturas de casi cincuenta grados bajo cero. Había pasado días y noches bloqueado a 6.000 ó 7.000 metros de altitud, con un viento que me impedía sacar la nariz fuera de la tienda. Había pensado, como sucede siempre, en desistir pero me había convencido – y este es un "clic" que surge a menudo en la mente de los escaladores – de que alcanzaría la meta, que llegaría hasta el final. A la altura de 8.201 había sentido una cierta embriaguez infinita, había saludado la pared noreste del Shisha Pangma, frente a mí estaba el Everest . . .

En la cima del Cho Oyu planté una cruz en un trípode que los chinos habían situado en el punto más alto. La apoyé y me pareció que el Papa, con su presencia inmaterial, aunque muy viva dentro de mí, estaba a mi lado, mirándome. Me hice hacer una bonita foto de ese momento irrepetible. Una vez de vuelta, fui a Roma y se la entregué. El Papa, emocionado, me dijo: "Ves, lo has conseguido. ¡Ahora te has convertido de verdad en el "apóstol de las montañas"!".

A veces, en invierno, el Papa iba a esquiar, aunque fuera durante un día, a las montañas de Abruzzo, a Pescaroli, a Ovindoli, o al cercano Monte Terminillo.

Cuando yo le acompañaba, nos poníamos enseguida los esquís y empezábamos a esquiar, lo que hacíamos durante horas, con cualquier clima, con gran placer. La mayoría de las veces, las pocas personas con las que nos cruzábamos ni siquiera le reconocían, vestido deportivamente y con los ojos cubiertos por gafas de sol. Pero de vez en cuando pasaban cosas divertidas. Recuerdo una mañana en la cual, al subir en el telesquí, nos cruzamos un par de veces con un niño de ocho o nueve años, el cual se quedaba mirando al Papa que le respondía con una sonrisa. En un momento determinado, después de dos o tres subidas y bajadas, el niño se acercó y le pregunto directamente: "Pero, ¿tú eres el Papa?"

Y él: "Sí, ¿quieres esquiar conmigo?".

Siguieron subiendo varias veces uno detrás del otro en el telesquí, mientras yo, a una prudencial distancia, disfrutaba con el increíble espectáculo sin intervenir. Recuerdo que en un momento dado el niño se acercó a su madre, que estaba tomando el sol sentada en una tumbona en el valle, donde se encontraba la base del remonte, y le gritó: "Mamá, ¿sabes que estoy esquiando con el Papa?".

La señora, naturalmente, movió la cabeza. Y Juan Pablo II, divertidísimo, al final de la mañana quiso acercarse a ella para saludarla ¡No me olvidaré nunca de la cara de asombro de esa señora; seguro que aún hoy tendrá la duda de si lo soñó todo!

No eran sueños, sino momentos intensos de oración y meditación, en cambio, lo que he visto repetirse tantísimas veces, siempre en la montaña y siempre después de una repentina decisión suya. Estaba alegre, enérgico, revitalizado por el esquí, pero repentinamente cambiaba de expresión, se ensombrecía, como si algo fuera motivo de gran preocupación. Como era habitual, el Santo Padre hablaba en polaco con don Stanislao y éste me pedía: "Lino, busquemos un lugar adecuado. Juan Pablo – como lo llamaba a veces sencillamente – desea estar solo".

Normalmente prefería rincones que se asomaban a una vista que pudiera abarcar el horizonte, para ponerse frente al infinito. Y volvía siempre esa inmovilidad sufrida y sentida, esa capacidad de concentración virtuosa que no he visto a ningún otro ser humano mantener durante tanto tiempo. Creo que en esos momentos, a los que silenciosamente y con profundo respeto he asistido, él tenía verdaderas y propias visiones proféticas. A veces el Papa salía de estas meditaciones, de hecho, con el rostro muy turbado, apenado, como preso de una preocupación añadida. En esos casos se acercaba enseguida a don Stanislao y, de nuevo, se confiaba con él en voz baja y en su lengua.

Recuerdo una ocasión concreta y dramática en la que, de nuevo, asistí a esa escena. Lo vi emerger de esa especie de "éxtasis" muy agitado, inquieto, verdaderamente muy preocupado. Estuvo mucho tiempo con don Stanislao, después volvimos rápidamente a casa. Era verano, estaban de vacaciones y yo me había reunido con ellos. Ahora ya sabía, y entendí rápidamente que algo negativo iba a suceder . . .

En pocas horas el ejército iraquí invadió Kuwait con cien mil hombres y trescientos tanques, venciendo en pocas horas toda resistencia por parte del Emirato.

El jeque y soberano del Estado, Jaber Al-Ahmed Al Sabah, se refugió con su familia en Arabia Saudita, mientras su hermano Fahd fallecía, junto a otras doscientas personas. Había empezado la Guerra del Golfo. Entonces no me planteé muchos interrogantes, más bien empecé a observar y a aceptar todo lo que sucedía ante mis ojos con naturalidad y con espíritu de fe. Hoy, que le han sido reconocidos y atribuidos varios milagros, no tengo más dudas: en esos momentos, el hombre al que estaba unido por un enorme afecto, ya no era sencillamente un hombre, sino que se "ejercitaba" como santo y la previdencia, como bien se sabe, es una de las virtudes de los santos.

Después de todo, en los años venideros me sucedieron otras cosas. El Santo Padre me ha salvado dos veces la vida, pero de esto hablaré más adelante.

Después de esa primera vacación en el Adamello, Juan Pablo II había cogido la costumbre de pasar unos días de vacaciones, cada año, en la montaña, eligiendo a menudo Lorenzago di Cadore: también la historia de este agradable centro cercano al Paso de la Mauria está unida a la Primera Guerra Mundial. Ese territorio, que constituye la vía de acceso desde el Véneto al Friuli, fue el sangriento escenario de la defensa armada de los habitantes de Cadore frente a los austriacos. Cada verano, en esas ocasiones, me reunía con ellos recomponiendo el grupo que él llamaba la "familia": don Stanislao, monseñor Taddeo, Luciano Cibin, Angelo Gugel y, a menudo también Arturo Mari, su fotógrafo personal, que con delicadeza y discreción plasmaba en fotografía momentos intensos y felices.

El Papa se alojaba en el Castillo de Mirabello, en el bosque situado por encima del pueblo, en una ubicación espléndida. Desde allí partíamos para realizar excursiones maravillosas hacia el Paso de la Mauria, donde están las fuentes del río Tagliamento, y hacia el sur, donde se levanta una de las cumbres más alta del área de Cadore, el Monte Cridola. Especialmente querida por el Santo Padre era también la agradable iglesia del siglo XVI de la "Madonna della Difesa"[1], que había sido construida como voto contra los efectos de la guerra que tuvo lugar contra Maximiliano de Austria y contra la terrible peste de principios del siglo XVI. Él sabía que en esas ocasiones, cada vez que llegaba, yo le llevaba un regalo especial: un par de botas para senderismo, siempre distintas, pero siempre muy modernas por la piel u otro material específico en lo que al aspecto técnico se refiere.

Calzaba un número 45 y yo quería elegir para él con total seguridad el modelo más confortable e innovador del momento en el mercado de prendas para montaña. Recuerdo sus ojos mientras "desenvolvía" la sorpresa: era feliz como un niño y me acuerdo también del entusiasmo con el que decidió ponérselas enseguida. Una vez, en invierno, le regalé un par de esquís, de los que

1. Literalmente, "Virgen de la Defensa" (N.T.).

verdaderamente ha estado orgulloso. Una empresa había patentado un modelo muy técnico. Eran monocuerpo, completamente distintos de los esquís tradicionales. La novedad consistía en un mecanismo que aprovechaba la carga del esquiador en equilibrio aerodinámico de arriba abajo, haciéndole ganar velocidad y seguridad. Habíamos hecho construir un par de ellos "papales", completamente blancos, y recuerdo que quiso probarlos enseguida, a la semana siguiente. Otro de sus lugares preferidos era Entrèves, en el Valle de Aosta, donde era huésped del obispo local, bien acogido en una pequeña casa en posición soleada y magnífica. Desde allí, a una altura de aproximadamente 1.300 metros, hacíamos excursiones hacia el Mont Blanc, hacia los placenteros Valle Veny y Valle Ferret. A la hora de la comida hacíamos una parada en un refugio para un pequeño refrigerio y una vez repuestos por la comida y un buen vaso de vino, a menudo entonábamos canciones de montaña. El Papa amaba en particular una canción popular que puede considerarse un poco como el himno de la montaña. Aún oigo su bella voz entonada recitar: "Quel mazzolin di fiori, che vien dalla montagna . . .[2]".

Esos coros de montaña hacían retornar a su memoria las vacaciones que realizaba con sus amigos cuando era un muchacho: esa misma atmosfera cálida e informal,

2. Literalmente: "Ese pequeño ramo de flores, que viene de la montaña . . ." (N.T.).

el afecto entre personas que se sienten unidas, que encuentran en la belleza de la naturaleza el empuje para crear un entendimiento ideal hecho a base de complicidad y de un fuerte sentido de pertenencia.

Levantaba mucho el ánimo y era muy bonito e instructivo ver cómo gozaba de esas pequeñas y sencillas delicias de la vida, tal como habría hecho un hombre cualquiera, y no un Papa y futuro santo. En esos años, como he dicho anteriormente, mi vida estaba marcada por una sana alegría de vivir, típica en un hombre joven con tantas energías, proyectos y vitalidad. Una exuberancia que me ha llevado también a tener una vida sentimental muy movida: en pocas palabras, junto a mí en esos años había a menudo mujeres distintas, bellas, con las que me relacionaba durante un periodo y que, con la llegada de una nueva conquista, desaparecían. No escondía nada de todo esto, en realidad estaba libre de cualquier vínculo y como pasa a menudo, me parecía que la "siguiente" sería mejor que la anterior. Hablaba con sinceridad a menudo con el Papa de este aspecto de mi vida personal: él era mi confesor, confidente y también mi padre espiritual. Recuerdo que con frecuencia, cuando iba a Roma a verlo, me acompañaba la novia del momento. Él, afable y paterno, nos acogía extendiendo su bendición también a ella. Pero siempre, y digo siempre, en la siguiente ocasión me apartaba y me preguntaba lo mismo: "Pero esta chica no es la de la vez anterior, ¿verdad?".

Y yo respondía: "Santo Padre, creo que esta será la definitiva, estoy enamorado . . ."

Con una sonrisa bondadosa respondía: "Lino, Lino . . . pero, ¿cuándo sentarás la cabeza?".

En esta afectuosa, pero firme exhortación a sentar la cabeza y, por lo tanto, a formar mi propia familia, estaba el "pastor de almas" mas también la indulgencia del hombre que había sido conocedor del mundo, de la alegría de la amistad y, acaso, también del amor. Sus decisiones y su destino lo habían llevado a tomar decisiones importantes, únicas, distintas, de enorme valor e importancia. Pero, en mi opinión, su pasado de chico absolutamente normal, actor, obrero en una fábrica y en una cantera de piedra, lo convirtieron en un "pastor de almas" aún más eficiente. Gracias a una idea de mi padre Martino y de Faustino Pedretti, el padre del "pequeño alpino", surgió la iniciativa de construir en el Paso de la Lobbia Alta un altar de granito en recuerdo de la extraordinaria visita de Juan Pablo II al Adamello.

En la primera ocasión que tuve le hablé de ello durante una visita al Vaticano, y vi que se entusiasmaba con la idea. Como intuí, el Papa maduró enseguida el propósito de volver a la montaña una vez el proyecto hubiese concluido, para volver a ver los lugares que le habían emocionado tanto. En el Paso de la Lobbia, a 3.050 metros, había y hay todavía en algunos trechos una simple red de alambre de espino, que indicaba la frontera entre Italia y el territorio austriaco, precisamente bajo el lugar en el que sobresalía la "vetusta cruz de maderos toscos . . .".

Decidimos que allí se levantaría el altar dedicado al Papa Juan Pablo II. Pensamos en un lugar que pudiese reunir cada año a su alrededor a fieles, turistas, peregrino, haciéndoles partícipes de nuestros recuerdos, de la venida del Santo Padre entre nosotros.

La ocasión tuvo lugar en el verano del año siguiente, exactamente el 16 de julio de 1988. Esperando al Papa esa vez había un gran multitud festiva: gran cantidad de alpinos, peregrinos, personas atraídas por el regreso del Papa al Adamello, jóvenes, menos jóvenes, familias. Cuando el helicóptero con el Papa llegó se crearon momentos de gran emoción. En el refugio habíamos transformado el cobertizo donde guardamos la motonieve en sacristía. Acompañamos allí al Santo Padre, que se cambió y se puso las vestiduras sacras; después nos acercamos al altar para la celebración eucarística. La misa fue solemne y bellísima; el Santo Padre llevaba puesto un anorak (chaqueta impermeable) sobre su alba. Se lo habíamos regalado Franco y yo, y llevaba impreso el emblema de la Escuela Italiana de Esquí: ese día lo condecoramos con el título de maestro de esquí. Le brillaron los ojos de alegría y parecía no sentir ni el frío ni el viento helado que tampoco faltaron ese día. Permaneció durante mucho tiempo de pie, no escatimó esfuerzos, parecía no sentir ni las incomodidades ni el cansancio: estaba sucediendo algo que lo implicaba total y profundamente. Sus espléndidas palabras en la homilía fueron tan intensas de significado que vale la pena recordarlas:

"Es para mí una gran alegría poder alzar al Señor, junto a ustedes, el canto de alabanza y de reconocimiento aquí, cerca de la cumbre del Adamello, frente a los majestuosos glaciares del *Pian di Neve*. Aquí, donde la naturaleza es un himno permanente a la grandeza del Creador, es fácil disponer el alma a pensamientos elevados que la curen, deteniéndose en oración. Las montañas han tenido siempre una fascinación especial para mi alma: ellas invitan a elevarse, no sólo materialmente, sino espiritualmente hacia las realidades que no que no pasan. Aquí, entre espacios ilimitados y en el silencio solemne de las cumbres, ¡se nota el sentido de infinito! En este escenario majestuoso y poderoso el hombre se siente pequeño y frágil y percibe más fácilmente la magnificencia y la omnipotencia de Dios, creador del universo y redentor del género humano. Aquí verdaderamente, el pensamiento, contemplando la creación, o más bien penetrando en el orden maravilloso de todo el universo, se hace oración de adoración y confiado abandono: "¡Señor, creo en ti, te adoro, te amo y espero en ti!". Aquí, alrededor del altar del sacrificio, el pensamiento se eleva hacia el plan salvífico de la encarnación del verbo y de la redención del hombre por medio de su pasión y muerte en la cruz. En estas alturas inmaculadas, mientras renovamos el sacrificio de la cruz, nos encontramos realmente unidos a Cristo Señor, que nos ha amado y se ha dado por nosotros. "Montañas y colinas, bendigan al Señor, ¡canten, exalten eternamente!" (Daniel 3, 75). Desde estas montañas la mirada desciende hasta los valles que las rodean, y el pensamiento alcanza espiritualmente a las personas que los habitan: mujeres y hombres marcados por el carácter fuerte de las virtudes de la montaña. También a ellos dirijo mi saludo, bendiciéndoles con el deseo que sean fieles a las tradiciones que les distinguen: tradiciones de fe robusta y de rectas costumbres morales. Elevo mi oración para que no se dejen arrastrar por las tentaciones de la sociedad de consumo, del materialismo, de la indiferencia, para que miren hacia las cumbres no sólo como meta de su dura vida diaria, sino también como símbolo de posible, elevadora, purificadora ascesis espiritual. La misa celebrada en este altar, colocado precisamente donde corría la línea del frente de guerra en 1915-1918, es también un recuerdo y una oración de sufragio para todos los combatientes que hace setenta años, en estos afilados cerros alpinos, fueron heridos o se dirigieron al encuentro de la muerte invocando la paz. Como es bien sabido, este paisaje, ahora tan sereno y sublime, fue teatro de terribles batallas. Pensando en los duros episodios de guerra acaecidos en estos lugares, y en las innumerables víctimas fallecidas en las gargantas de estas montañas, trastornadas por el odio y la violencia, se siente una profunda angustia por el destino de estos hombres, a la merced de las crueles convulsiones de la historia. Pero debemos también recordar que en el inmenso anfiteatro de estos glaciares y de estas cumbres, entre los cuales aún se ven trincheras y alambres de espino, cascotes de granadas y residuos de material bélico, incluso en el estridente contraste de las reivindicaciones nacionales, en ambas partes estaban presentes el consuelo y la amistad de Cristo, el redentor, que no abandona a nadie y que ama a todos y quiere salvar para la vida más allá del tiempo y de la historia. ¡Cuántas veces el color blanco de la nieve se ha teñido del rojo de la sangre! Nuestro pensamiento se dirige a todos aquellos que han caído en el Adamello, a todas las víctimas de las guerras pasadas y presentes, a sus familias, a sus ideales rotos y mientras elevamos, para ellos, nuestra oración de sufragio, expresamos de nuevo nuestro anhelo y nuestra invocación a la paz, la fraternidad, la concordia entre los pueblos y las naciones. En el futuro, que sea la paz quien guie el camino de la humanidad. La paz majestuosa de estas montañas nos invita a comprometernos en la construcción y consolidación de una sociedad libre de la esclavitud de la guerra y del odio. Deseamos, no sólo la paz que acalle las armas – también ella, sin duda, es un gran bien – sino que deseamos también la paz interior de las almas, fruto de la recta conciencia, del sentido de justicia y de caridad, y fundada sobre la paternidad universal de Dios creador, sobre la amistad con Cristo, el Hijo de Dios encarnado precisamente para librarnos del mal e indicarnos nuestro destino sobrenatural. Para terminar, una última reflexión que deseo proponerles, queridos alpinos, sobre la memoria de la Virgen del Carmen, que la liturgia celebra cada 16 de julio. Para su vigesimoquinta peregrinación al Adamello han elegido una jornada verdaderamente mariana, han decidido alzar al lado de este altar la efigie de la Virgen del Adamello,

> que con gozo bendeciré al término de la celebración eucarística. Me complazco vivamente por este gesto, que se inserta bien en el marco del año mariano, y por su devoción a la Madre Celeste, que en todo lugar y en todo tiempo está cercana a cada uno de nosotros con su amor y protección. Siempre, pero especialmente en esta festividad, María Santísima nos recuerda que el objetivo esencial de la vida es la salvación eterna y nos asegura su intercesión por la perseverancia en la fe y en la gracia, hasta el término de la peregrinación terrena. La Virgen María, que "avanzó en la peregrinación de la fe" también desde este monte, mirará con ojos de materna benevolencia a las poblaciones de los valles circundantes, ayudando a tener una fe capaz de hacer frente a los desafíos de nuestro tiempo. Mira con amor, oh Virgen María, a los pobres, a los que sufren, a los jóvenes, esperanza del mañana. Permanece maternalmente cercana a todas las personas, las familias y las naciones. Socorre al pueblo cristiano en su lucha contra el mal. ¡Oh clemente, oh pía, oh dulce Virgen María!".

Una vez celebrada la Misa, el Papa agradeció con estas palabras:

> "Quiero agradecer de corazón una vez más esta invitación durante el año mariano. Le correspondía al Papa volver aquí, después de haber venido ya una vez como esquiador. Tenía que venir en este año mariano para celebrar aquí el servicio eucarístico. No hay un lugar más adecuado que invite a este sacrificio de Cristo. Un lugar, un ambiente de tantos sacrificios

de jóvenes vidas, de jóvenes personas, de nuestros hermanos caídos en el Señor. Tantos sacrificios. Tenía que celebrarse el sacrificio de Cristo que nos recuerda su muerte que nos da la vida, que nos asegura la victoria de la vida en él y para nosotros. Se tenía que celebrar este misterio precisamente aquí hoy les doy las gracias por haberme invitado. Agradezco a todos por haberme invitado. Y me han invitado en un día muy querido para mí, el día de la festividad de la Virgen del Carmen, del Monte Carmelo. Debe estar presente la Virgen María de las Montañas, tal como recuerda San Lucas que, después de haber concebido en el Espíritu Santo el verbo divino, fue a las montañas para visitar a su prima Isabel [. . .], debe estar presente en las montañas. Fue a las montañas, a las montañas de su pueblo de Judea. En estas montañas ha oído las palabras: "Bendita seas tú, que has creído". Las palabras que nos guían durante el año mariano. Esta efigie de la Virgen debe ser el signo de su fe que nos guía a todos, que guía a toda la Iglesia, a todos los pueblos, a todas las personas. Todas las comunidades en la peregrinación terrestre, pero en la peregrinación de la fe que nos lleva hacia la vida, la vida sobrenatural. Les agradezco esta invitación a las montañas donde, durante este año mariano, hemos podido celebrar a la Virgen, diría yo, montañesa. Estando en las montañas, en casa de Isabel, María pronunció el *Magníficat*, que nos inspira siempre, nos inspira siempre con la fe de María. Y la palabra de la naturaleza, la grandeza

> de las montañas nos inspira a repetir "*Magníficat*". Grandes cosas ha hecho el Señor. Les deseo, queridísimos hermanos y hermanas, esta inspiración mariana durante el año mariano y durante todos los años. Lo deseo, sobre todo, a ustedes queridísimos alpinos, lo deseo también a todos los alpinistas y a todos los esquiadores, a todos los habitantes de las montañas, a toda la gente de montaña, a todos los que aman las montañas. ¡Qué en las montañas esté siempre el signo de la peregrinación que lleva hacia lo alto, que nos lleva hacia Dios! Con estos deseos les doy las gracias de nuevo; les dejo volviendo no a pie, ni con los esquís, sino con el helicóptero. ¡Sea alabado Jesucristo!".

Esas horas estuvieron llenas de grandes emociones para una multitud de personas. A su habitual carisma, Juan Pablo II añadió una participación emotiva, reconocible en las palabras elegidas para la homilía. Fue extraño ver tanta solemne intensidad en los pasajes de la misa en un contexto tan inusual: la extensión de los glaciares y esa figura blanca sobre blanco, sagrada, con expresión participativa y sufrida en el rostro, celebrando ese misterio en un lugar que resuena aún con el dolor de un pasado lejano, pero todavía tangible.

Hay una foto que resume y simboliza todo esto mejor que cualquier palabra: la del Papa que eleva sobre el candor níveo una hostia consagrada, igualmente cándida. Basta observar su rostro, la intensidad de su expresión, para entender la importancia de un gesto tan emblemático, de una fascinación infinita. Y ese significado no se le escapó a la multitud de los participantes; de nuevo, un silencio irreal había descendido alrededor, un silencio lleno únicamente del rápido latido de los corazones, que no hace ruido. Terminada la ceremonia hubo una comida alegre y limitada a pocos comensales en el refugio: mantel de cuadros, comida sencilla y sabrosa preparada por mamá Carla y la alegría un poco rústica de nosotros montañeses. ¡Qué feliz estaba ese día el Papa! En un momento dado pidió poder descansar en la habitación que había ocupado hacía tiempo. Poco antes, como informan las crónicas locales de ese día, había permanecido concentrado, en silencio, algunos minutos en la terraza, mirando ante sí, hacia la Cresta Croce, ¡hacia la cruz!

Hay otra fotografía estupenda que testimonia también este inolvidable momento: el Papa con las manos sobre la barandilla de la terraza, mirando ante sí. Está solo, los hombros ligeramente inclinados, una expresión intensa. Mientras, todas las personas cercanas a él, por respeto, se mantienen apartadas. El autor de esa fotografía, el divertido comandante Colombo, que ya hemos conocido en esta historia y que desgraciadamente ha fallecido hace poco, como explicación de la imagen escribió este resumen: “En ese lugar donde había estado años antes, Juan Pablo II quiso permanecer solo consigo mismo durante unos minutos. Como si estuviera en éxtasis, mientras contemplaba la Cresta Croce”.

Otra imagen que no existe pero que está impresa, fija ante mis ojos: de hecho, estoy seguro que, en la quietud absoluta de esa habitación, el Papa haya rezado dirigiendo su mirada a la cruz de madera. Habrá reflexionado intensamente sobre lo que había significado estar allí cuatro años antes, poder ver algo desde ese ángulo, poder intuir primero y comprender plenamente después algo que le afectaba muy, muy de cerca. El meollo del secreto, de "su" secreto, se había depositado en él desde el interior de su alma. Ahora estaba allí, bien escondido, pero claro. Juan Pablo II no había llegado a ese lugar por casualidad, sino por una voluntad superior, precisa, indiscutible:

"Hacia las tres de la tarde, Jesús exclamó en alta voz: «*Elí, Elí, lemá sabactani*», que significa: «Dios mío, Dios mío, ¿por qué me has abandonado?» (Mateo 27, 46).

El misterio de estas palabras sigue siendo inexplicable para nosotros, los hombres: ¿por qué el mismo Hijo de Dios, en el momento de la prueba suprema, la muerte en la cruz, sufre un desaliento tan humano? El amor del Padre y el amor del Hijo: motivo eterno de adoración para nosotros creyentes. Pero en el transcurso de los siglos, ¿a cuántos hombres les tocaría el dolor de una, aunque diferente, "crucifixión"? ¿Cuántos santos, mártires, perseguidos por la fe han tenido que vencer el desconsuelo y aceptar su destino? Y en ciertos momentos de nuestra vida, ¿no hay un momento en el cual nos sentimos "crucificados" y nos esforzamos en dar un sentido a esa prueba, sintiendo crecer el deseo de rebelarse, de renegar de ese Padre que realmente sabemos que es capaz de amarnos tanto? Me permito insinuar una duda, que tiene el sabor de la verdad: Karol Wotjyla era uno de los elegidos. Su testimonio de fe ha estado presente todos los días de su pontificado y de su vida, confirmando su misión salvífica sobre la tierra. Estaba en su destino dedicarse completamente a promover la conversión y la salvación de millones de personas. Toda su vida lo testimonia. Pero ese día: 13 de mayo de 1981 en la plaza de San Pedro, en el momento de la peor etapa de su "calvario", no habrá proferido también él: "Dios mio, Dios mio, ¿por qué me has abandonado?".

Y a continuación, después de que por deseo de Dios le fuera destinada esa terrible prueba y que por deseo de la Virgen María – que había desviado la bala de Alì Ağca – ésta no le hubiera sido fatal, no habrá buscado, como cualquier otro hombre habría hecho, respuestas, indicios, para poder decir al final: "¡Todo era un plan de Dios y a Su voluntad me remito!".

No soy teólogo, no soy un hombre de Iglesia, o un experto en materia doctrinal. Pero tengo fe. Y toda persona de fe reconocerá, valorando los hechos, que está claro el sentido de ese recorrido, que pasó por la ardua vía del Adamello hasta encontrar esa "cruz de maderos toscos".

Nada ha sido casual. Probablemente sólo hoy, frente al júbilo de esta beatificación, nos es posible entender un poco más sobre la vida de este futuro santo del cual yo, indignamente, he sido amigo. Todos recordamos que el 13 de mayo de 1981, fecha del terrible atentado en plaza de San Pedro, coincide de manera increíble con la aparición de la Virgen en Fátima: mismo día, mes y hora. Exacta es también la crónica de los hechos que tuvieron lugar a continuación, como resulta por el testimonio de los médicos que, en el Policlínico Agostino Gemelli de Roma, acogieron al Papa herido de muerte:

> "El Papa fue llevado en ambulancia al Gemelli en muy poco tiempo, aproximadamente quince minutos. Sus condiciones fueron definidas enseguida como muy graves, hasta tal punto que se le pidió a don Stanislao que le impartiera el sacramento de la extremaunción. Después, fue trasladado inmediatamente al quirófano. El Dr. Francesco Crucitti, prestigioso cirujano practicó una incisión con el bisturí y encontró, tal como testimonió más tarde: "Sangre, mucha sangre, quizás había tres litros. Se decidió aspirar la sangre para detener una copiosa hemorragia que constituía un peligro inminente y mortal. Después se realizaron transfusiones que hicieron factible la intervención quirúrgica".

Se exploró el abdomen del Papa donde se hallaron diversas lesiones, algunas provocadas por la explosión del proyectil y otras por la trayectoria de éste. La bala de calibre nueve milímetros había herido el dedo índice de la mano izquierda, apoyada en el vientre, desviando ligeramente la trayectoria. Después había perforado el colon y causado también heridas en el intestino delgado. Sin embargo, no obstante la gravedad del atentado y la delicada intervención quirúrgica a la que fue sometido, la constitución del Papa se reveló fortísima. Dentro de su cuerpo ultrajado, las balas habían realizado casi un recorrido en zigzag. Los órganos vitales habían quedado ilesos. Todo ello permitió al Papa una recuperación muy rápida, diría prodigiosa, y después de sólo cuatro días los médicos le hicieron abandonar el Servicio de Reanimación para que terminara la recuperación en una planta de hospitalización, más tranquila.

Otra coincidencia: la religiosa que consiguió agarrar a Alì Ağca, bloqueándolo en la plaza de San Pedro, se llamaba Lucía . . . Muchas veces, en confianza, el Santo Padre se había referido al atentado diciéndome que se consideraba salvado por la Virgen María. A menudo aludía al hecho que ahora ya no podía comer como antes, que tenía que repartir las comidas y reducir las porciones, para que su intestino reducido no padeciera mucho. Añadía que no había sido la única vez que la Virgen había intervenido para salvarlo; confirmaba a menudo que también cuando era joven, en un par de ocasiones, había necesitado esa intervención "materna". Decía haberse salvado así de ser deportado por los nazis a Alemania, y de haber salido ileso de un pavoroso accidente el 29 de febrero de 1944, cuando un camión lo atropelló de pleno.

En el momento de su segunda venida al glaciar, para la celebración de la misa en el nuevo y bellísimo altar de granito situado en la Cresta Croce, el Papa tenía una nueva y fuerte conciencia sobre el nexo entre lo que había sucedido en el lejano 1917 y lo que le había sucedido a él tres años antes en la plaza de San Pedro. Un hilo unía los acontecimientos y ese hilo muy fino, en su devanarse, había envuelto también la cima del Adamello. Un hilo sujeto por una mano misericordiosa, la de la Inmaculada Concepción. Él ya "sabía" algo que yo, como el resto del mundo, ignorábamos. Pero todo ello, por el momento, debía seguir siendo un secreto. Era el secreto del Papa.

Los veranos sucesivos, el Santo Padre pasó sus vacaciones, como ya he mencionado antes, en Trentino o en el Valle de Aosta. Por lo tanto, no esquió más, pero daba hermosos paseos por el bosque, largas caminatas, con paradas serenas en medio de la naturaleza, para recuperarse, rezar, encontrarse con la gente y mezclarse con sus fieles, algo que le gustaba mucho.

No he visto nunca contrariado a Juan Pablo II por sentirse obligado, de algún modo, en cualquier lugar o latitud, a compartir su persona y sus momentos de descanso con desconocidos. Ese era un problema para nosotros que estábamos a su alrededor y, sobre todo, para su servicio de seguridad. Para él, en cambio, era una auténtica alegría detenerse para hablar con quienquiera que encontrase en su camino, también en medio de los bosques. Podían ser hombres, mujeres, jóvenes, familias, ancianos o niños: era siempre el primero en ofrecerse, en saludar, en pedir a las personas algo, en interesarse, en hacer una caricia. En cambio, a veces lo he visto disgustado y también muy enfadado si alguien, por razones de logística o de seguridad, era alejado de él con demasiada brusquedad.

También en estos casos hablaba en polaco con don Stanislao, evidentemente lamentándose del hecho de que la lógica expectación por saludar al Papa le fuese negada al que deseaba hacerlo. Obviamente, había una serie de preocupaciones por parte del servicio de seguridad, temores fundados, sobre todo en los años siguientes al atentado. Pero, aunque consciente de poder ser un fácil objetivo para quien quisiera hacerle daño, el Papa no demostró jamás, cuando alguien se le acercaba, ni temor, ni esquivez ni recelo

"No temáis "

Esas para él no eran sólo palabras, sino un ejercicio de apertura y confianza hacia la humanidad, que podía y debía constituir un ejemplo. Durante esos paseos, el Santo Padre mostraba también una ternura infinita hacia los animales. Era verdaderamente feliz cuando conseguíamos encontrar cabras montesas o gamuzas, algo que sucedía con frecuencia, sobre todo en el Valle de Aosta. Estaba fascinado por la relativa facilidad con la que esos hermosos animales dejaban que nos acercáramos. Le he visto emocionarse mucho cuando sucedía: siempre mantuvo el estupor de un niño que nunca da por descontado nada de lo que ofrece la creación. Tenía la misma insaciable curiosidad por mis expediciones, mis viajes lejanos, mis ascensos a las montañas más altas del mundo.

Sabía que, de algún modo, era como si yo lo llevara conmigo, conservando su espíritu en el fondo de mi mochila. Estoy seguro que en ciertos terrenos accidentados, en las latitudes más remotas, él iba conmigo. Caminaba también con sus piernas, porque su pensamiento no me abandonaba. Lo entendía por el brillo de sus ojos cuando, antes de cada partida, iba a saludarle, algo que sucedía siempre, invariablemente. Hacía que le contara todo el proyecto con detalle, preguntando por los pormenores, informándose sobre las dificultades o peligros. Pero jamás, aunque se tratara de los proyectos más arriesgados, intentó disuadirme o demostró temor. Sencillamente me bendecía y me entregaba una cruz sonriéndome con dulzura. Y yo partía con esa sonrisa grabada en la mente. En los momentos más duros, sobre todo en ciertas noches terribles que en esos viajes parecen no terminar nunca, buscaba esa sonrisa y recuperaba energías.

Lo mismo sucedió en la primavera de 1990. Fui a Roma a saludarlo porque estaba a punto de partir para una expedición cuyo objetivo era escalar el Everest, el mítico techo del mundo con sus 8.848 metros. Como era habitual, lo vi emocionarse, participar con toda su fuerza emotiva mientras, bendiciéndome, me entregaba una magnífica cruz de plata, de diseño delicado y estilizado. Éramos ocho alpinistas, un grupo de escaladores bien avenidos y motivados, pero al llegar a Katmandú nos encontramos con una desagradable sorpresa: por desórdenes vinculados a la situación política, siempre conflictiva entre tibetanos y chinos, se había cerrado la frontera en la vertiente tibetana, por donde debíamos iniciar la subida.

El conflicto no se desbloqueaba y la agencia local que había organizado el viaje nos ofreció una alternativa: escalar otro ocho mil, el Dhaulagiri.

La "Montaña Blanca", esto significa su nombre en sánscrito, forma parte de la cadena del Himalaya, se encuentra en Nepal y tiene una altitud de 8.167 metros. Fue descubierta en 1800 y considerada durante casi treinta años el monte más alto de la tierra, hasta el descubrimiento del Kanchenjonga. Muchas personas han perdido la vida intentado escalarla, entre ellos siete alpinistas americanos en 1969, seis escaladores japoneses en 1975 y otros cuatro de la misma nacionalidad tres años después. Después de mi expedición, en 1998 murió también una famosa escaladora francesa, Chantal Mauduit, arrollada por un alud. Chantal era una mujer maravillosa: joven, bella, culta. Escaló seis veces cumbres de ocho mil metros de manera épica: sin oxígeno y en solitario. Es famoso su libro con un título emblemático, *Vivo en el paraíso*. Su testamento espiritual está en las palabras que nos dejó, palabras que representan una advertencia para todos nosotros, siempre listos para emprender nuevos desafíos, con nosotros mismos antes que con la naturaleza.

> "Ninguna vida es independiente, aunque si el espíritu
> cabalga las palabras, lo bello, el espacio, no camina,

> no vuela, si no es para volver a entrar dentro de sí mismo en el todo, el uno, aligerado de su ego terreno. Ermitaño en cuerpos embebidos de cotidianidad, se divierte dando vueltas a bastiones himalayos en universos ya explorados, rozando lo evanescente, planeando sobre el horizonte, evaporando el tiempo en palabras tomadas de las plumas de un ave de paso. La esencia de la vida, ¿no es quizá tocar lo sublime?".

Tocar lo sublime . . . probablemente es lo que buscan todos aquellos que hacen elecciones tan inusuales. También el Papa las ha hecho buscando elevadas cimas espirituales . . . mucho más altas que las nuestras. En el fondo, él y yo siempre hemos sabido que subir las laderas rocosas de una montaña es un poco como pisar un lugar sagrado.

Este es el motivo por el que, de una manera extraña, él me sentía afín y por empatía me preguntaba qué buscaba allí arriba, siempre más alto en las cumbres. Me veo otra vez en el campo base, situado a casi cinco mil metros de altitud, donde se plantan las tiendas, donde está la tienda-cocina, las mesas, las sillas. Es allí donde los escaladores como yo, que ascienden sin bombonas de oxígeno, llevan a cabo la aclimatación indispensable que hace que el cuerpo se acostumbre a la altura de manera progresiva.

La primera subida llega, normalmente, hasta los 5.600-6.000 metros: allí se construye el primer campo base avanzado, un pequeño hábitat que constituirá la nueva base de salida. Después se vuelve a bajar al campo base principal donde se descansa algunos días para volver a partir e ir siempre un poco más arriba, partiendo siempre de puntos más avanzados: el campo 2, después el 3-4-5. Como media, para subir a un ocho mil se necesitan cuatro campos intermedios y casi veinte días o un mes antes de poder dar el ataque final y realizar la última carga para llegar a la cima. Todo se debe hacer dosificando las fuerzas porque cada vez es más difícil respirar: cuando se inspira es como si el aire no consiguiera entrar. Poco a poco, a medida que se sube, cada una de las funciones vitales se ralentiza, es como si hubiese un repentino envejecimiento del cuerpo, un debilitamiento, que hace perder fisiológicamente potencia muscular, cardiocirculatoria, respiratoria, a medida que el aíre es cada vez más escaso.

En este sentido, siempre he tenido una ventaja: el hecho de vivir durante muchos meses al año a 3.000 metros me ha hecho tener una oxigenación de la sangre mucho más alta y, por lo tanto, resentirme menos que mis compañeros por el estrés de la altura, que no es mínimo. Hay un momento, al principio de cualquier proyecto de este tipo, en el cual se tiene un momento de misteriosa previsión, una pizca de sabiduría de más que, de algún modo, consigue hacerte ver cómo irán las cosas. Pues bien, recuerdo que esa vez sentí un vago malestar, una sensación negativa. Pero en esos momentos no se sabe darle un nombre y no se le presta demasiada atención.

Avanzamos bastante los primeros quince días. El tiempo era bueno, las temperaturas no eran terribles.

Entre el campo 2 y el campo 3, por lo tanto aproximadamente a una altura de 6.500-7.000 metros, empezó a nevar sin parar durante tres días. Se decidió que cuatro de los ocho, yo incluido, seguiríamos para el ataque final. Éramos los que nos sentíamos mejor físicamente, pero las dificultades eran grandes: nos esperaba una pared de hielo, que daría continuas señales de hundimiento. De repente, después de la tormenta llegó el calor: el sol quemaba tanto que tuvimos que ponernos camisetas de manga corta.

Caminábamos sobre una nieve con un grueso de dos metros, hundiéndonos hasta la cintura. Lo hacíamos con mucha prudencia porque el día anterior, en una primera y breve exploración, vimos que se habían abierto muchas grietas. Superado un gran salto de altimetría ya estábamos en la altiplanicie situada en la parte final del Dhaulagiri. Ante nuestros ojos y los demás sentidos teníamos un espectáculo inolvidable: el horizonte era el confín que te engloba, te sientes parte de un todo, un elemento más de esa belleza suprema. Nos turnábamos para "cortar" la nieve, dándonos enseguida el cambio porque nos quedábamos sin aliento. En nuestra jerga quien "corta" la nieve es el que va delante, el "abrepistas", el que indica el rastro para los otros. En ese momento yo era el último y, a punto de dar el cambio al primero, me senté con la intención de tomar aliento. En un abrir y cerrar de ojos sentí ceder el "puente" debajo de mí, es decir, la placa de hielo que cubría una grieta. Un segundo después me había hundido, desapareciendo de la vista de los otros. Oscuridad y un clamor al golpearme aquí y allá sobre las paredes de hielo de la vorágine, tragado por el embudo de la tierra. Me detuve una primera vez a una altura de cinco metros al golpearme sobre un trozo de hielo que me hundió varias costillas y me partió la papada, pero de hecho bloqueó también la desastrosa caída, haciéndome resbalar despacio en un canal lateral.

Desde allí empecé a bajar hasta el borde del precipicio, que debía tener una altura de varios centenares de metros. En el segundo salto, amortiguado por la mochila, caí de espalda sobre el "puente" de hielo intermedio. En mi mochila estaban el saco, la colchoneta para aislarse del terreno, alimentos y agua. Y, naturalmente, la cruz . . . Es verdad que en breves segundos, en esas situaciones desesperadas, se vuelve a ver la propia vida como en una película: pasan las imágenes como en una cinta de video que avanza enloquecida. Después sencillamente pensé: "¡Ya está, un segundo más y estoy muerto!".

En cambio, me vi cubierto de sangre y con un terrible dolor en el tórax. Estaba herido, pero milagrosamente vivo. Oí las voces de mis compañeros que me llamaban y conseguí responder; después vi que habían hecho bajar una cuerda para sacarme de allí. Me di cuenta también que tenía un dedo fracturado, pero a pesar de todo conseguía mover bien las manos. Aferré la cuerda, colgando el mosquetón que estaba encima del arnés que me ceñía la cintura. Apelé a todas mis fuerzas, tenía que conseguirlo: apreté los dientes, las piernas, los ojos, acurrucado como un feto que renace. Se escapa de un regazo hecho para la muerte y se reconquista la vida. Un momento más y estaría fuera de nuevo, chorreando sangre pero vivo. Me atrevo a decir: ¡era un milagro! Por reacción empecé, extrañamente, a saltar, con todo el cuerpo sacudido por temblores fortísimos, que me hacían estremecer como una hoja. Mis compañeros se dieron cuenta que la herida en el rostro era muy profunda, pero no había tocado órganos vitales: algún centímetro más allá y habría cortado la yugular. Me taponaron como pudieron y dos de ellos se prepararon para llevarme rápidamente de vuelta al campo base. El tercero fue encargado de seguir adelante, de encontrar la fuerza necesaria para continuar. A él quise entregarle la cruz. Recuerdo mi mano temblorosa mientras se la entregaba: "Esta me ha salvado, llévala tú".

Llegué al campo base como en un sueño. Allí, la mujer de Claudio, uno de mis compañeros, que era médico cirujano, hizo que me tumbara sobre la mesa de la cocina de campo y allí encima me enyesó y me cosió sin anestesia. Ciertamente, en mi rostro no ha quedado un bonito encaje . . . digamos que cuando toco ese trozo de piel dura como un golpe, me digo a mí mismo: "Qué bonito es estar aún aquí". Después me trasladaron a Katmandú y en pocas horas la noticia dio la vuelta al mundo: "El maestro de esquí del Papa cae en una grieta y se salva milagrosamente".

Mis padres supieron así lo que me había sucedido y desesperados empezaron a pedir noticias. A través de un telegrama conseguí informarles de que estaba bastante bien y que volvía a Italia. Mis compañeros supieron, mientras estaban aún ocupados subiendo a la cumbre, que se había vuelto a abrir la frontera con el Tíbet. Entonces decidieron volver atrás, para intentar también la escalada al Everest, tal como era nuestro proyecto original. Volvieron con la cruz, sabiendo que había prometido al Papa plantarla en el techo del mundo. Cuando llegaron al campo base del Everest ya era tarde: el mes de junio estaba avanzado, en el valle soplaban los monzones y en las alturas ya habían empezado a soplar tormentas terribles. En ese campo base, a casi 6.500 metros, los alpinistas italianos encontraron a los componentes de una expedición polaca, cinco muchachos jóvenes y motivados. Partieron juntos para una etapa de acercamiento, pero se quedaron bloqueados durante dos días y dos noches en las tiendas, defendiéndose de una tormenta con ráfagas fortísimas, que ponían en riesgo las tiendas, lo que a esas temperaturas significa muerte segura.

Ellos consiguieron bajar, los cinco muchachos polacos, no. Fueron arrollados por un alud y murieron todos. Esa cruz está aún hoy en el campo base, en un pequeño nicho escavado en la roca. Al lado hay una lápida de mármol con cinco nombres grabados, los de los chicos polacos. Una vez en Italia ingresé durante unos días al hospital para una serie de controles. Mientras tanto también volvieron mis compañeros y nos vimos para tragar un grumo de amargura: la expedición había fracasado, pero analizando fríamente la situación pensamos que teníamos algo de que alegrarnos, pues aún estábamos todos allí. Una vez dado de alta quise ir enseguida, junto a ellos, a ver al Santo Padre el cual, naturalmente, ya había sido informado de todo. Recuerdo con cuánto sufrido interés escuchó la narración de mi desventura y la tragedia de sus cinco connacionales. Le afectó mucho, me apartó y me dijo estas palabras: "Ves Lino, el Señor ha querido salvarte".

Y yo añadí silenciosamente: "Y Usted, Santidad, debe haber tenido una buena conversación . . . ¡con su Jefe!".

Los médicos, que en el hospital habían controlado el buen trabajo realizado por su colega en situación de emergencia, me dieron un consejo: pasar un periodo de tranquilidad en una localidad marítima. La permanencia en altitud, unida el estrés de un accidente tan pavoroso, había debilitado mi organismo, aunque pareciese que yo estaba bien. En realidad había tenido problemas musculares por lo que se define como hipobaria, y también mi presión pulmonar, como la velocidad del flujo capilar pulmonar, habían sufrido. No tuve más remedio que aceptar la evidencia: por un tiempo tendría que traicionar mis amadas montañas por la fascinación encantadora del mar. Tenía que ser una breve estancia en una localidad marítima y, en cambio, permanecí en alta mar durante tres años. Me embarqué en un maxi yate, un barco de veinticinco metros de longitud, de los que se desafían en las regatas de alto nivel: mástiles que cosquillean al viento, velocidad pura, lujo, competición. En fin, un mundo totalmente distinto del mío. Juguetes en manos de hombres como Raoul Gardini, Gianni Varasi, Juan Carlos I, el rey de España. Recuerdos muy bonitos, una vida ciertamente más despreocupada de la que había siempre llevado y que habría de retomar inmediatamente después. Un paréntesis, sencillamente un paréntesis. En el barco me llamaban el "montañés". Aprendí enseguida lo que debía hacer, pero se veía perfectamente que no estaba en mi ambiente. Si tuviera que juzgar lo que me une con un amor exclusivo y definitivo a la montaña diría que, además del hecho de haber nacido en ella, es el silencio. En el mar siempre hay algún ruido: el agitarse de las olas, el cordaje que golpea, el grito de las gaviotas, las voces de los compañeros en un hábitat forzosamente limitado. En montaña, en el silencio más absoluto, tiene espacio una voz que viene de dentro, que te obliga a hacer las cuentas contigo mismo, con tu vida. Y esa voz se asemeja mucho a la de Dios. He aquí otra cosa sencilla, pero profunda, que me ha unido durante veintiún años a otro "montañés", Papa y Santo, pero "montañés". De todas formas, cada vez que bajaba a tierra, también en esos tres años de "deserción de las cumbres", iba a visitarle a Roma. Me recibía siempre después de la misa, haciendo que me quedara a desayunar. Era para él el momento más alegre de la jornada, aquel en el que vivía en conformidad con las personas más íntimas, con un auténtico y visible placer. Recuerdo con gran emoción sus ojos, que se iluminaban al verme. Inmediatamente me llamaba por mi nombre. “Lino, Lino, ¿cómo estás?”.

No se olvidada nunca de pedirme noticias detalladas: primero de mi madre, después de papá Martino, de Franco y de mis hermanas y de los niños. Es increíble decirlo, pero se acordaba siempre de todos y para todos tenía un gesto de afectuoso interés. Seguramente tenía una memoria prodigiosa, además de demostrar un entrañable sentimiento de cercanía afectiva. A los treinta y dos años más o menos encontré a Giovanna, una mujer con la cual surgió una repentina pasión. Ella ya estaba casada, pero en crisis profunda en su relación conyugal. Todo inició con el sentimiento ligero de un juego, pero el destino quiso que algo imprevisto y hermoso nos uniera profundamente: la llegada de una hija. No fue un momento fácil, ni para ella ni para mí. Giovanna, de hecho, ya tenía dos niñas pequeñas nacidas de su matrimonio y, de repente, nos encontramos frente a una enorme responsabilidad. Ella vivía aún en casa con su marido y, de golpe, teníamos que tomar una decisión: tener o no tener el niño.

Yo era un hombre acostumbrado a una libertad extrema, tenía mis viajes, la escuela de esquí en invierno y en verano, las ambiciones vinculadas al alpinismo y, para ser sincero, tuve mucho miedo. No era fácil aceptar la idea de tomarme no sólo la responsabilidad de padre que me correspondía, sino también de iniciar una convivencia en la cual los hijos ya eran tres. No niego que pensé intensamente en mi amigo especial: era mi referencia espiritual, recubría casi la figura de un padre. Con él no habría podido mentir habría tenido que admitir que había cometido el pecado más horrible para un católico: el de no dejar nacer al propio hijo. Lo pensé alguna hora más y luego le dije a Giovanna: "Este hijo lo tendremos. Tranquila, intentaré acostumbrarme a la idea de tener de golpe una familia bastante numerosa". El hijo en realidad fue una hija, mi bellísima Camilla. Y hacerla nacer ha sido, desde luego, mi alegría más grande. En la primera ocasión que tuve hablé al Santo Padre de la niña que estaba llegando y él, con afectuosa benevolencia, me dijo que era exactamente lo que se habría esperado de mí.

Me dio coraje, declarándose muy optimista, estaba seguro que amaría sinceramente también a las otras dos niñas. Y así fue, efectivamente. Se estableció, por lo tanto, una larga convivencia que duró diecisiete años.

En su momento el Papa acogió entre sus brazos a mi hija con gran alegría. Desgraciadamente no pudimos casarnos porque Giovanna tuvo que enfrentarse a un largo procedimiento legal bastante conflictivo para obtener el divorcio. Después, con el paso de los años nos encontramos amargamente considerando que había incertidumbres por parte de ambos, la felicidad de los primeros tiempos pareció disminuir. Habíamos empezado a tener problemas de pareja y pensar en permanecer juntos "para toda la vida" con sinceridad y con propósitos en común habría sido muy forzado. De hecho, no dimos nunca ese paso. Y tanto para el estado civil como para la Iglesia yo he seguido siendo hasta hace muy poco "soltero". Recuerdo muchas conversaciones que, en privado y en distintas circunstancias, he tenido con él sobre temas como el matrimonio, el aborto, la castidad, la indisolubilidad del matrimonio o la obligación para los sacerdotes a renunciar al amor terrenal y a formar una familia.

Como saben todos, Papa Wojtyla era muy fiel a la ortodoxia de la Santa Iglesia Romana. Todos los libros y encíclicas que ha promulgado nos hablan de la voluntad de animar a todos los fieles a mantener una conducta auténticamente cristiana, con elecciones fuertes, sin ninguna cesión al deseo de modernidad y de superficialidad.

En privado, sin embargo, él era verdaderamente un "buen pastor", capaz de comprender, aconsejar con dulzura e indulgencia más que juzgar. Por esto, creo, ha sido un Papa tan amado por la gente, caritativo también cuando nos acogía como ovejas perdidas, perdonándonos, absolviéndonos. Pero no ha dejado nunca, ni siquiera en un solo momento, de indicarnos la justa vía. A propósito de estos temas, me vuelven a la mente las palabras de su discurso en el encuentro con los jóvenes de Turín, el 9 de marzo de 1988. Fue un discurso que me asombró mucho por la manera como supo entrar en sus corazones. Los jóvenes: su fuerza, su pensamiento recurrente, esos millones de jóvenes con los que ha querido encontrarse en todo el mundo, han sido verdaderamente su interlocutor preferido durante su pontificado. Me gustaría recordar esas palabras:

> "¿Qué significa amar? Uno de ustedes me pregunta: "Según Usted, ¿qué significa para nosotros jóvenes amar?" He querido confrontar estas preguntas con otras, más articuladas, donde he hallado su turbación por el placer exasperado, la pornografía en aumento, la mentalidad permisiva, que llevan fatalmente a "olvidar valores más elevados e indispensables". Pues bien, estoy de acuerdo con ustedes: amar auténticamente como cristianos significa hoy muchas veces ir contracorriente, ser hombres sinceros que llaman mal al mal y bien al bien, eligiendo con valentía ir contra la manera común de hacer equivaler amor y sexo, validez a éxito, autenticidad al look o apariencia. Amar como cristianos es este milagro: basarse en Dios a través de la persona de Cristo y darse a los otros en actitud de disponibilidad, de acogida, de ayuda. En esta área, las vocaciones al matrimonio como a la vida consagrada serán vocaciones al amor. Amando en serio adquirirán la inteligencia y la cultura del amor, la corrección en ver las exigencias y la precisión en el darse. Les confieso con sencillez que siento verdadera turbación por el futuro del mundo, cuando veo generaciones de jóvenes incapaces de amar verdaderamente o que reducen el darse al intercambio de gratificaciones entre iguales, incapaces de ver en la sexualidad una llamada, una invitación a un amor más elevado y universal".

Creo que estas palabras siguen siendo, a pesar del tiempo que ha pasado, un llamamiento de gran actualidad; más aún, quizá jamás como en estos tiempos se siente la necesidad de volver a tomarlo en consideración. En febrero de 1994 fui al Vaticano con mi hermana Miriam para saludar al Santo Padre e informarle de mi partida para una nueva expedición al Everest. Mi deseo era llevar a cumplimiento el proyecto fracasado unos años antes. De nuevo, y siempre con la misma intensa participación, me entregó una cruz bendecida. Dos años antes el Papa había sido operado para extraerle un tumor en el intestino grueso. Los médicos dijeron que era del tamaño de una naranja y que en poco tiempo, si no se hubiera extirpado, se habría convertido en maligno. Ese día, en cambio, lo vi muy bien, estaba en forma, de óptimo humor y, cuando me despedía, le dije: "Santidad, en cuanto vuelva iremos a esquiar".

"Con placer, Lino, quizá podamos volver a nuestro amado Adamello".

Partí hacia el macizo del Himalaya al inicio de la primavera. El jefe de la expedición era mi querido amigo Giuliano De Marchi, alpinista muy experto. También él ya había intentado escalar el techo del mundo, sin éxito.

Ambos estábamos muy motivados, habríamos hecho todo lo posible para llevar a cumplimiento ese proyecto. Empezamos de nuevo el procedimiento habitual, con las etapas de acercamiento al gigante que se repiten siempre con al mismo ritmo. Después de la habitual escalada de acercamiento llegamos al campo 5, aproximadamente a 8.200 metros, hacia las cuatro de la tarde. Demasiado tarde, y demasiado cansados, para hacer el último esfuerzo y llegar a la cima, que estaba más o menos a 8.500 metros. Nos dimos cuenta que arriesgábamos mucho: ser sorprendidos por la noche fuera de las tiendas significaba muerte segura. No se resiste a temperaturas de cincuenta grados bajo cero.

En la tienda, en cuyo interior la temperatura también es muy baja – oscila alrededor de los veinte grados bajo cero -, se duerme vestido y calzado. Es muy divertido levantarse por la mañana con dos bigotes blancos entre la nariz y la boca. Giuliano estaba un poco detrás de mí cuando decidimos volver a bajar para resguardarnos. Nos pusimos de acuerdo hablándonos a distancia, gritando como se hace siempre, confiando las palabras al eco de las montañas. Llegué de primero a la tienda y me metí enseguida: estaba agotado. Sin darme cuenta me adormecí debido al cansancio que se diluía en esa tibieza.

Me pareció haber dormido sólo cinco minutos, pero cuando me desperté me di cuenta que habían transcurrido dos horas. Giuliano no estaba, extrañamente aún no había llegado. Salí para ver donde estaba y me encontré con un escalador americano, que me ayudó en la búsqueda: lo encontramos ya en un entumecimiento pre-comatoso, llegamos justo a tiempo para evitar lo peor Lo llevamos a la tienda para reanimarlo, pero me di cuenta que tenía un principio de congelación en las manos y en los pies. Tenía que hacer todo lo posible para calentarlo y mantenerlo en vida. Transcurrida la noche comprendí que tenía que intentarlo todo para volver abajo. Me puse en camino, arrastrándolo con la fuerza de la desesperación. El campo base más equipado estaba más abajo, a una altura de 6.000 metros: para llegar tardamos tres días. Después de los primeros auxilios con medicamentos por vía intravenosa, nos dimos cuenta que tenían que amputársele algunas falanges de las manos y de los pies. Sus condiciones eran muy graves y decidimos interrumpir la expedición y regresar a Italia lo más rápido posible. La cruz permaneció en mi mochila pero, de nuevo, habíamos vuelto con el bien más preciado: la vida. Giuliano, mi amigo, cruzó el agujero negro de su destino más tarde.

Ha muerto hace un par de años al caer en un canal durante una excursión alpina en Italia. Es triste si lo pienso. Y pienso en ello a menudo. Intento consolarme diciéndome que ha concluido su vida haciendo lo que más le gustaba. El último respiro le salió del alma allí, en sus montañas, en su mundo. Cuando volví a Italia supe que el 28 de abril el Santo Padre, resbalando en su baño, se había roto el cuello femoral derecho. Había sido ingresado en el Policlínico Gemelli para someterse a una intervención de artroprótesis.

Lloré, me pareció terrible saber que ya no podría esquiar con él. Cuando lo volví a ver, se apoyaba en un bastón, pero me acogió con la sonrisa de siempre. Ni él ni yo tuvimos el coraje de afrontar el tema esquí, no queríamos disgustarnos el uno al otro. Le dije únicamente que con las escaladas a los ocho mil metros, tan peligrosas, había acabado: ahora tenía a Camilla, era justo arriesgar menos y estar más cerca de ella. Las enfermedades y el sufrimiento, como todos saben, han marcado la vida del Papa de manera dramática. Tantas operaciones quirúrgicas, tantas enfermedades dolorosas, la decadencia de un físico que había estado lleno de vigor, hasta el drama del último periodo de su vida, minado por el terrible avance de la enfermedad de Parkinson, que él llamaba bromeando "míster P".

Todos recuerdan las imágenes de su malestar físico en los últimos dramáticos años de su vida. Pocos recuerdan, en cambio, qué ejemplo de coraje fue para todos nosotros. Yo participaba siempre que podía en su Misa para la Jornada Mundial del Enfermo, el 11 de febrero de todos los años. En esas ocasiones, con el tiempo, pude observar algo que escapaba a mi comprensión, que tenía lugar bajo mis ojos pero estaba fuera de la percepción racional o lógica. Él se acercaba a algunos enfermos con un estado de ánimo distinto, seguía un código suyo valorando la persona sufriente que tenía delante, como un radiólogo que consigue leer la entidad de un daño físico a través de parámetros de su única pertinencia.

De forma misteriosa "elegía" algunos enfermos, a menudo aquellos en cuyos ojos atormentados percibía una pena o un sufrimiento particulares. A ellos intentaba no sólo transmitirles esperanza y coraje, sino también infundirles un sentido íntimo de participación a un dolor común. Hoy siento que puedo decir que esa elección, ese criterio estaba fuera de las percepciones de una persona "normal". He llegado a convencerme que había algo distinto: en mi opinión, se trataba de un don carismático suyo, del ejercicio de una forma de previdencia, tal vez vinculada al inminente final de esas personas. Lo afirmo con plena tranquilidad de espíritu: creo que quizá él intuía la muerte inminente de esos enfermos, o un empeoramiento inevitable. Y todos los que como yo han asistido tantas y tantas veces a esos conmovedores encuentros con personas llenas de dolor, si lo piensan podrán llegar a formular la misma hipótesis. En él siempre ha sido fuerte la llamada al valor del sufrimiento, algo que su vida misma, en el transcurso de los acontecimientos, le habría de imponer de manera tan profunda. Recuerdo con particular emoción el mensaje que pronunció durante la cuarta Jornada Mundial del Enfermo, el 11 de octubre de 1995:

> "«No te preocupes por esta enfermedad ni por ninguna otra desgracia. ¿No estoy yo aquí, que soy tu Madre? ¿No estás bajo mi sombra y mi amparo? ¿No soy yo tu salud?». El humilde indígena Juan Diego de Cuautitlán escuchó estas palabras de los labios de la santísima Virgen, en diciembre de 1531, al pie de la colina de Tepeyac, hoy llamada Guadalupe, después de haber implorado la curación de un pariente.

Amadísimos hermanos y hermanas que experimentan de modo particular el sufrimiento, están llamados a una misión peculiar en el ámbito de la nueva evangelización, inspirados en María, Madre del amor y del dolor humano.

La Madre de Jesús es ejemplo y guía de este anuncio eficaz, puesto que «María se pone entre su Hijo y los hombres en la realidad de sus privaciones, indigencias y sufrimientos. Se pone "en medio", o sea hace de mediadora no como una persona extraña, sino en su papel de madre, consciente de que como tal puede más bien "tiene el derecho de" hacer presente al Hijo las necesidades de los hombres. Su mediación, por lo tanto, tiene un carácter de intercesión: María "intercede" por los hombres. No sólo: como Madre desea también que se manifieste el poder mesiánico del Hijo, es decir su poder salvífico encaminado a socorrer la desventura humana, a liberar al hombre del mal que bajo diversas formas y medidas pesa sobre su vida».

Hoy deseo dirigirme de manera particular a todos los enfermos, expresándoles, yo también enfermo como ellos, una palabra de consuelo y esperanza. A todos ustedes que sufren, pedimos su apoyo. Precisamente a ustedes, que son débiles, les pedimos que se transformen en fuente de fuerza para la Iglesia y la humanidad. En el terrible combate entre las fuerzas del bien y del mal, del cual nos ofrece un espectáculo el mundo contemporáneo, que su sufrimiento sea vencedor en unción con la cruz de

Cristo. Que la Madre de Jesús escuche el clamor de tantos sufrimientos, seque las lágrimas de quien se halla inmerso en el dolor, y esté al lado de todos los enfermos del mundo".

VI

LA CRUZ DE GRANITO EN CONTACTO CON EL CIELO

EN SEPTIEMBRE de 1996, durante una comida entre amigos en Pinzolo, con ocasión del Premio Internacional de Solidaridad Alpina, nació una idea temeraria. Hacer posible que esa cruz de madera, tan querida por el Papa y por todos nosotros, no cediera a su inevitable destino: desaparecer. Pobre humilde cruz, había desafiado a los años y la intemperie, pero ¿cuánto tiempo aún podía durar? Era normal pensar que antes o después desaparecería.

Mientras hablaba de ello con el comandante y amigo Luciano Colombo, con Marcello Bedeschi y con Faustino Pedretti, tomamos una decisión: esculpir en la desnuda roca de la montaña una cruz de granito que, simbólicamente, recordase el sacrificio de los alpinos, obtenida de las entrañas de la misma tierra que los había enterrado y que fuese también, de alguna manera, el emblema de la extraordinaria presencia del Papa en el glaciar.

El entusiasmo nos desbordó: Punta Croce cambiaría también el nombre, se llamaría Punta Juan Pablo II. Decirlo fue fácil . . . hacerlo mucho menos. Desde luego, situar una cruz de granito a 3.278 metros de altura no era proyecto fácil. Lo primero de todo fue crear un comité y Faustino se ofreció para construir la cruz, junto a sus hermanos y obreros. Nosotros nos ocuparíamos de la parte logística y organizativa. Por supuesto, fuimos enseguida a Roma a comunicárselo primero a don Stanislao y, después, al Papa. Nos ayudó un aliado de excepción por fe y voluntad: el cardenal Giovanni Battista Re.

Ambos se mostraron felices por la iniciativa, pero el Santo Padre parecía presa de una alegría incontenible. Él mismo sugirió incluir el proyecto en el ámbito de las celebraciones para el Jubileo del año 2000. La humilde cruz del Adamello, que durante casi cien años había vigilado solitaria el "sueño" de los alpinos caídos a sus pies, elevada al rango de símbolo para generaciones futuras . . . Su historia y su imagen habrían constituido un ejemplo de gran influencia para el mundo entero y para todos aquellos que no han tenido y no tendrán la suerte de subir hasta allí arriba, a ese pequeño paraíso, escondido entre el reflejo de los glaciares.

Nuestro deseo de proceder era inmenso, pero las dificultades fueron increíbles: la primera de todas, la peligrosidad del transporte. Solamente un helicóptero podría sujetar en alto la cruz y posicionarla en la cumbre, pero se necesitaba aplanar la montaña y construir una pequeña plaza para el aterrizaje de aquel. Las autoridades competentes lo rechazaron inmediatamente y de manera firme. Era una operación muy arriesgada: las corrientes de aire a esa altitud podrían causar el balanceo del imponente monumento granítico. Ningún piloto en sus cabales habría aceptado una tarea tan arriesgada. Con una inconsciencia de la que aún hoy día me maravillo seguimos adelante: Faustino reunió a los alpinos, a sus obreros, a los canteros más válidos del Valle Rendena y se puso manos a la obra. La cruz fue diseñada y obtenida de un único bloque de granito, esculpida con una valiosa obra de cincel.

Todos trabajaron en su tiempo libre, como voluntarios, con una pasión que no disminuyó en ningún momento. Nosotros emprendimos una guerra contra la jungla de las autorizaciones. El Ministerio del Medio Ambiente se oponía, como también el Ministerio de Defensa, cuya negativa fue peor que un jarro de agua fría. Según ellos, no se daban los supuestos para aprobar el plan de vuelo para un helicóptero militar en esas condiciones ambientales. Sólo una fe obstinada nos empujó a ignorar la advertencia. Era duro admitirlo, pero las posibilidades de éxito eran mínimas y la sincera participación del Papa, al que naturalmente le escondíamos las dificultades, representaban un pesar añadido: su esperanzado deseo corría el riesgo de sufrir una desilusión. Cada vez que me veía, en los dos años que fueron necesarios para alcanzar la meta, no dejaba de preguntarme: “Entonces Lino, ¿qué me dices de nuestra cruz?”.

Fue el histórico piloto, el coronel Giorgio Del Farra, quien cambió el curso de las cosas, garantizándonos su apoyo y, acaso, ese pellizco de suerte que se necesitaba. Explicó a los jóvenes aviadores que esa prueba, ardua pero no imposible, habría dado ocasión de experimentar y conocer dificultades técnicas jamás estudiadas anteriormente. Fue una tarea mítica: a las 19 horas del 21 de julio de 1998, un helicóptero de doble rotor CH47C-817 del primer regimiento AVES "Antares", 11º grupo, escuadrón ETM "Ercole", sobrevoló sobre un cielo azul la Cresta Croce. A bordo iban el teniente coronel Dario Zampieri, el capitán Francesco Martinelli, los comandantes Cosimo D'Attis, Luciano Cesarini, Francesco Cassavano y Bruno Mastrogregori, llamado "il Corvo"[1]. Con una serie de maniobras prodigiosas, depositaron en la cima de la cresta, como si fuera una mariposa, una cruz de tres metros y diez centímetros de altura y treinta y nueve quintales de peso. Nuestros gritos de alegría rompieron la calma de las montañas: parecíamos locos, exaltados, borrachos de felicidad, mezclábamos lágrimas y gritos de cavernícolas, ante la indiferencia del glaciar. El 1 de agosto la cruz fue presentada a miles de personas: alta, imponente, iluminada por un cono de luz en un día de nubes oscuras. A continuación se celebró la Santa Misa, oficiada por los monseñores Giovanni "Gianni" Danzi, Stanislaw Rylko y Giovanni Battista

1. Literalmente, "el Cuervo". (N.T.)

Re. A partir de ese día, Cresta Croce se convirtió con orgullo en Punta Giovanni Paolo II y el Papa expresó toda su alegría en una carta:

> «"¡Gloria a Dios en las alturas, y en la tierra, paz a los hombres amados por Él!" (Lucas 2, 14). La cruz extiende majestuosa sus brazos y estrecha a todos en un permanente abrazo de paz, una llamada y una invitación a extraer de los valores espirituales energía para construir un mundo más fraterno y solidario, una sociedad finalmente libre del odio y de la guerra. Cruz de Cristo, bandera de paz que desde las altas cimas de las montañas insistes a dirigir la mirada hacia el cielo, uniendo la historia al eterno, habla al corazón de cuantos te ven resplandecer en la noche y haz sentir que Dios está a nuestro lado y nos ama. Acompaño estos sentimientos con una bendición especial . . . ».

Para hacer sitio a lo nuevo a veces hay que sacrificar lo viejo. Pero esto no se debe hacer nunca olvidando . . . Y fue con corazón palpitante con el que un hombre, un cierto día, recogió la vieja cruz, valioso emblema de ese secreto callado durante tiempo. En el minúsculo pueblo de Carisolo, en el corazón del Valle Rendena, vive ese hombre, un alpino. Tiene una barba larga, larga y blanca, parece prestado a la vida real durante pocas horas al día; después te esperas que vuelva a la espesura de sus bosques para dar de comer a sus amigos los elfos. Su nombre es Remigio Righi, ha sido cantero, ha trabajado con la maceta durante meses para acabar la cruz. Pero hay más, es él quien custodia un pequeño tesoro. La recogió en la nieve, apenas cortada, con el amor con el que se recoge un árbol apenas talado, que conoce los secretos de tu vida y ha conocido tantas cosas del mundo. Ha puesto a descansar la humilde cruz en la sombra silenciosa de una habitación. Está colgada de una pared de la "casa de los alpinos", en la sede de la asociación donde se reúnen esos hombres de pocas palabras y mucho corazón, para charlar un poco y tomarse tal vez una copita en compañía. Ella está allí, agradecida por todo: ha visto vida, muerte, milagros, amor, esperanzas e ilusiones de pobres hombres. Ha visto el odio más feroz y, muchos años después, una jubilosa reconciliación. Ha resistido a todo.

Y tal vez por esto, por haber absorbido tanta vida, tanto dolor y tanto amor, ha sido elegida para ser puesta en un pequeño "misterio gozoso". Ella, centinela muda, pero no indiferente, ha mirado los pasos de un hombre vestido de blanco, en un tiempo que ha ido más allá del tiempo. Ahora está lista para contarlo a otros hombres, precisamente ahora, en presencia de un acontecimiento que, dentro de poco, será la fiesta de toda la humanidad, no de uno solo. Sobre uno de sus toscos maderos, que parece corcho, hay apoyado un sombrero de paño verde: "Sul cappello, sul cappello che noi portiamo, c'è una lunga, c'è una lunga penna nera. Che a noi serve, che a noi serve da bandiera, su pei monti, su pei monti a guerreggiar . . ."[2] En cambio, no. A la izquierda, en la parte superior de ese sombrero no está la pluma negra; en su lugar hay un gran agujero. Lo hizo la feroz explosión de un proyectil de esa "Guerra Blanca". El sombrero lo ha arrojado el hielo, no el pobre alpino que lo llevaba puesto. A Remigio no le gusta hablar, cruza los brazos y te acompaña arriba para ver esa cruz y ese sombrero. Te los enseña y permanece callado.

Allí delante, también una oración se convierte en un susurro al cielo, las palabras sobran. Durante muchos años yo también he evitado las palabras innecesarias. He guardado para mí las emociones más fuertes, las costumbres, los recuerdos, las frases y las enseñanzas del Papa. Solamente hoy, frente a los actos de su beatificación, he decidido contar, volver a reflexionar, recordar. ara entender y hacer entender un poco de la vida de este futuro santo.

Ahora, para continuar nuestra historia, tenemos que dar un paso atrás. Volver al año 1981, el *annus horribilis* en el cual el Papa sufrió el atentado en la plaza de San Pedro, en el mismo mes, día y hora de la primera aparición de la Virgen de Fátima, como ya he recordado antes. Mientras se encontraba en el Policlínico Gemelli el Papa, superadas las consecuencias de la operación quirúrgica,

2. Literalmente: "Sobre el sombrero, sobre el sombrero que llevamos, hay una larga, hay una larga pluma negra. Que nos sirve, que nos sirve como bandera, arriba en los montes, arriba en los montes a guerrear . . .". (N.T.)

empezó a reflexionar sobre esta singular coincidencia. ¡El 13 de mayo! ¡Fátima! En ese momento pidió poder leer el tercer secreto, conservado en el Archivo Secreto del Santo Oficio. Hasta ese momento lo que él sabía al respecto era lo que todos los fieles del mundo sabían.

Los protagonistas de los hechos históricos que tuvieron lugar en Fátima fueron tres niños, los tres pastorcitos Lucía Dos Santos, de diez años, y sus primos Jacinta y Francisco Marto, de siete y nueve años respectivamente. Lucía había nacido el 22 de marzo de 1907 en Aljustrel, una fracción de la ciudad de Fátima y fue bautizada dos días más tarde. Sus padres Antonio y María Dos Santos tuvieron seis hijos. Vivían de su humilde trabajo como agricultores y habitaban en una casa desamueblada y humilde. Francisco nació el 11 de junio de 1908 y su hermana Jacinta el 10 de marzo de 1910. Los Marto eran creyentes devotos y también ellos vivían de la agricultura y de manera muy modesta. Los tres niños, como era costumbre en las zonas rurales, después de la escuela se dedicaban a pequeños trabajos en el campo o al pastoreo. En la primavera de 1916, mientras jugaban, una luz repentina los envolvió mientras un fuerte viento empezó a soplar. En el centro de la luz apareció un joven que se presentó diciendo: “No teman, soy el ángel de la paz. Recen conmigo”.

En una sucesiva aparición, el ángel pidió a los niños ofrecer constantemente oraciones y sacrificios a Dios. Los niños preguntaron: “¿Cómo tenemos que sacrificarnos?”.

El ángel respondió: "De todo lo que puedan, ofrezcan un sacrificio al Señor. Sobre todo acepten y soporten con humildad los sufrimientos que el Señor les mandará". En la tercera aparición, que tuvo lugar en el otoño del mismo año, el ángel los invitó a dirigir a Dios una nueva oración:

"Santísima Trinidad, Padre, Hijo y Espíritu Santo, los adoro profundamente y les ofrezco el preciosísimo cuerpo, sangre, alma, divinidad de Jesucristo presente en todos los tabernáculos de la tierra, en reparación de los ultrajes, los sacrilegios y las indiferencias con las cuales Él ha sido ofendido, y por méritos infinitos de Su Santísimo Corazón y del Corazón Inmaculado de María les pido la conversión de los pobres pecadores".

Ofreciéndoles el cáliz y la hostia dijo:

"Tomen y beban el cuerpo y la sangre de Jesucristo, horriblemente ultrajado por los hombres ingratos. Hagan reparación por sus crímenes y consuelen a vuestro Dios".

El 13 de mayo de 1917, mientras los tres pastorcitos estaban con el rebaño en la Cova da Iria (Cueva de Irene), precedida de destellos deslumbrantes, apareció una Señora hermosísima, que resplandecía más que el sol y que con voz dulce les dijo: "No tengan miedo. No quiero hacerles daño".

Lucía preguntó: "¿De dónde viene?".

"Vengo del cielo".

"¿Y qué quiere de mí?".

"He venido a pedirles que vengan aquí durante seis meses consecutivos, el día trece, a esta misma hora . . . Entonces diré quien soy y que quiero. Volveré después una séptima vez".

"¿Y yo también iré al cielo?", preguntó Lucía.

"Sí".

"¿Y Jacinta?".

"También ella".

"¿Y Francisco?".

"También él, pero tendrá que rezar muchos rosarios".

Lucía entonces preguntó por dos muchachas muertas: "Maria Das Neves (una amiga de ellos muerta con dieciséis años, *N.R.*), ¿está ya en el cielo?".

"Sí, está allí".

"¿También Amelia (fallecida con dieciocho años, *N.R.*) está ya en el cielo?".

"Permanecerá en el Purgatorio hasta el fin del mundo".

Volvió a preguntar Lucía: "¿Me podría decir si la guerra acabará pronto o si aún durará mucho tiempo?".

"No te lo puedo decir aún, antes de decirte lo que deseo".

"¿Quieren ofrecerse a Dios, preparados para soportar todos los sufrimientos que Él querrá enviarles, en reparación por los pecados con los que ha sido ofendido, y para obtener la conversión de los pecadores?".

"¡Sí, queremos!".

"Entonces tienen que sufrir mucho, pero la gracia de Dios será vuestro consuelo".

Lucía sigue contando: "En el momento en el que la Madre pronunciaba estas últimas palabras, abrió por primera vez las manos, transmitiéndonos una luz tan intensa, un tipo de reflejo que salía y nos penetraba en el pecho y en lo más íntimo del alma, haciendo que nos viéramos a nosotros mismos en Dios, más claramente de cómo nos vemos en los mejores de los espejos. Entonces, impulsivamente caímos de rodillas y repetíamos íntimamente: 'Santísima Trinidad, yo te adoro. Dios mío, yo te amo en el Santísimo Sacramento'".

Después de un momento, la Virgen añadió: "Recen el Rosario todos los días para obtener la paz en el mundo y el final de la guerra".

Después empezó a elevarse y desapareció en el cielo. El 13 de junio, fiesta de San Antonio, tuvo lugar la segunda aparición. La Virgen se anunció con un reflejo de luz. Lucía y sus primos corrieron hacia la encina cerca de la cual había aparecido la vez anterior. La Señora apareció vestida de blanco con el rosario en la mano.

Dijo a Lucía: "Quiero decirte que vuelvas aquí el 13 del próximo mes, que continúes rezando el rosario todos los días y quiero también que aprendas a leer, para decirte después lo que deseo".

Lucía pidió por la curación de un enfermo y la Virgen le respondió: "Que se convierta y se curará antes de que acabe el año".

Lucía: "Desearía pedirte que nos lleves al cielo".

"Sí, a Jacinta y Francisco los llevaré dentro de poco tiempo, pero tú te quedarás aquí aún un tiempo. Jesús quiere servirse de ti para hacer que me conozcan y me amen. Quiere establecer en el mundo la devoción a mi Corazón Inmaculado. A quien la practique le prometo la salvación. Estas almas serán predilectas de Dios, y como flores serán colocadas delante de mí en Su trono".

"¿Me quedaré aquí sola?".

"No, hija mía. No te desanimes, no te abandonaré jamás. Mi Corazón Inmaculado será tu refugio y la vía que te conducirá a Dios".

Varios miles de personas estaban presentes el 13 de julio sucesivo. La noticia se había difundido, había curiosidad, pero también desconfianza y burla hacia los niños, a los que se tachaba de mentir y ser jactanciosos. A mediodía, anunciada por una luz, la Señora apareció.

"¿Qué quiere de mí?", preguntó Lucía.

"Quiero que vengan el 13 del mes siguiente y que sigan rezando rosario cada día a la Virgen del Rosario para obtener la paz en el mundo y el final de la guerra, porque sólo Ella os podrá socorrer".

Lucía: "Querría pedirle que nos dijera quien es, que haga un milagro para que todos nos crean".

"Continúen viniendo aquí todos los meses. En octubre diré quien soy, lo que quiero y haré un milagro que todos podrán ver bien para creer".

La Virgen ese día confió a los niños un secreto compuesto de tres partes. Cuenta Lucía: "Diciendo estas últimas palabras, la Señora abrió de nuevo las manos, como en los dos meses anteriores. Nuestra Señora nos mostró un gran mar de fuego que parecía estar debajo de la tierra. Sumergidos en ese fuego, los demonios y las almas, como si fuesen brasas transparentes y negras o bronceadas, con forma humana que fluctuaban en el incendio, llevadas por las llamas que de ellas mismas salían, juntamente con nubes de humo que caían hacia todos los lados, parecidas al caer de las pavesas en los grandes incendios, sin equilibrio ni peso, entre gritos de dolor y gemidos de desesperación que horrorizaba y hacía estremecer de pavor. Los demonios se distinguían por sus formas horribles y asquerosas de animales espantosos y desconocidos, pero transparentes y negros. Estábamos asustados y, como pidiendo ayuda, levantamos los ojos hacia Nuestra Señora que nos dijo con bondad y tristeza:

— Vieron el infierno a donde van las almas de los pobres pecadores; para salvarlas, Dios quiere establecer en el mundo la devoción a mi Inmaculado Corazón. Si se hace lo que les voy a decir, se salvarán muchas almas y tendrán paz. La guerra pronto terminará. Pero si no dejan de ofender a Dios, en el pontificado de Pío XI comenzará otra peor. Cuando vean una noche iluminada por una luz desconocida, sepan que es la gran señal que Dios les da de que va a castigar al mundo por sus crímenes, por medio de la guerra, del hambre y de las persecuciones a la Iglesia y al Santo Padre. Para impedirla, vendré a pedir la consagración de Rusia a mi Inmaculado Corazón y la Comunión reparadora de los Primeros Sábados. Si se atienden mis deseos, Rusia se convertirá y habrá paz; si no, esparcirá sus errores por el mundo, promoviendo guerras y persecuciones a la Iglesia. Los buenos serán martirizados y el Santo Padre tendrá mucho que sufrir; varias naciones serán aniquiladas. Por fin mi Inmaculado Corazón triunfará. El Santo Padre me consagrará a Rusia, que se convertirá, y será concedido al mundo algún tiempo de paz. En Portugal se conservará siempre el dogma de la fe [. . .]".

Después sigue una visión que constituye la tercera parte del secreto, que Lucía describe así: "Después de las dos partes que ya he expuesto, hemos visto al lado izquierdo de Nuestra Señora un poco más en lo alto a un Ángel con una espada de fuego en la mano izquierda; centelleando emitía llamas que parecía iban a incendiar el mundo; pero se apagaban al contacto con el esplendor que Nuestra Señora irradiaba con su mano derecha dirigida hacia él; el Ángel señalando la tierra con su mano derecha, dijo con fuerte voz: ¡Penitencia, Penitencia, Penitencia! Y vimos en una inmensa luz qué es Dios: « algo semejante a como se ven las personas en un espejo cuando pasan ante él » a un Obispo vestido de Blanco [. . .]".

¿Recuerdan las palabras del inicio? Todo esto sucedía, pues, en mayo de 1917 . . . Hubo otra aparición, el día

13 del mes de agosto, otra en el mes de septiembre, el mismo día, y de nuevo el 13 de octubre. Esta última, como refieren los periódicos de la época, tuvo lugar ante una gran multitud procedente de los pueblos de los alrededores, pero también de Lisboa, Oporto y Coímbra. Había también periodistas de la prensa nacional e internacional. Se estimó que había alrededor de sesenta, setenta mil personas asistiendo al acontecimiento. Todos pudieron ver y testimoniar lo que se definió como "el milagro del sol". Vieron la lluvia parar de golpe, abrirse las nubes, el disco solar asomarse como una luna de plata y girar vertiginosamente sobre sí mismo, parecido a una rueda de fuego, proyectando en todas las direcciones rayos de luz de colores, que encendían las luces del cielo y cada cosa sobre la tierra, resplandeciendo sobre la inmensa multitud, deslumbrándola. Un momento de pausa y de nuevo una danza de luz, como una girándula brillante y abundante. De nuevo una parada y después, por tercera vez, un fuego con más colores y más resplandeciente que antes. La gente tuvo la impresión en algunos momentos que el sol se estaba despegando del cielo, precipitándose para incendiarlos y todo ello hizo gritar a la inmensa multitud: "Milagro, milagro".

Los dos niños más pequeños, Jacinta y Francisco, como había predicho la Virgen María en una de sus apariciones, murieron muy pronto. Francisco el 4 de abril de 1919, tras un breve periodo de enfermedad. Jacinta, tras haber contraído en 1918 una broncopulmonia, murió de pleuritis purulenta el 20 de febrero de 1920. Lucía se hizo religiosa, entró en la orden de las Hermanas Doroteas y el 10 de diciembre de 1925 recibió en su celda la aparición de la Virgen con el Niño Jesús. La Virgen le mostró el Sagrado Corazón coronado de espinas y le dijo: "Mira, hija mía, mi Corazón coronado de espinas, que los hombres ingratos en todo momento me quieren herir con blasfemias e ingratitud. Tú, al menos, intenta consolarme y asegurar a todos aquellos que durante cinco meses consecutivos, el primer sábado del mes, se confesarán con la intención de reparar las ofensas al Corazón Inmaculado, recibirán la Santa Comunión con la misma intención, siempre en el primer sábado de mes, rezarán el Rosario, al menos una tercera parte con la misma intención; y me harán compañía durante un cuarto de hora meditando los quince misterios del Rosario con el fin de ofrecerme reparación, que prometo asistirles a la hora de la muerte con todas las gracias necesarias para la salvación de sus almas".

El 3 de octubre de 1934 Lucía hizo los votos solemnes. El 24 de marzo de 1948 entró en el Carmelo de Santa Teresa en Coímbra, en Portugal, y tomó el nombre de Sor María Lucía de Jesús y del Corazón Inmaculado. Ya en el convento, en el interior de su celda de clausura, Lucía tuvo aún varias apariciones de la Virgen que, en 1927, le dijo que podía revelar las dos primeras partes del secreto. Lucía puso por escrito todo lo que había visto y oído y se lo hizo leer al obispo de Leiria (ciudad portuguesa a mitad de camino entre Oporto y Lisboa), a la madre superiora y a dos padres jesuitas. Una vez obtenido el permiso, hizo divulgar el contenido de esa descripción en 1937. La tercera parte del secreto fue escrita el 3 de enero de 1944, en el convento de las Hermanas Doroteas de Tui, en España, donde Lucía se había trasladado. Existía un único manuscrito redactado por Lucía y se conscrvó en un sobre sellado, custodiado en un primer momento por el obispo de Leiria. Para tutelar mejor el secreto, el sobre fue entregado el 4 de abril de 1957 al Archivo Secreto del Santo Oficio. Sor Lucía fue informada por su obispo de estas decisiones.

De acuerdo con el cardenal Alfredo Ottaviano, el 17 de agosto de 1959 el comisario del Santo Oficio, el padre Pierre Paul Philippe, llevó al Papa Juan XXIII el sobre que contenía la tercera parte del secreto de Fátima. Su Santidad, "después de alguna duda" dijo: "Esperemos. Rezaré. Le informaré sobre mi decisión". En realidad, el Papa Juan decidió reenviar el sobre sellado al Santo Oficio y no revelar la tercera parte del secreto. Pablo VI leyó el contenido junto a monseñor Angelo Dell'Acqua el 27 de marzo de 1965 y reenvió el sobre al Archivo Secreto del Santo Oficio, con la decisión de no publicar el texto. ¿Qué ha pasado, en cambio, con el Papa Wotjyla?

El 18 de julio de 1981, el cardenal Franjo šeper, Prefecto de la Congregación, entregó a Monseñor Eduardo Martínez-Somalo, Sustituto de la Secretaría de Estado Vaticano, dos sobres: uno blanco, con el texto original de sor Lucía en lengua portuguesa y otro, de color naranja, con la traducción del secreto en lengua italiana.

El Papa, por lo tanto, en ese momento supo y con emoción profunda y pensativa hizo seguramente sus consideraciones. Habrá recorrido las dos primeras partes del secreto, valorando que todo lo que había predicho y anunciado la Virgen a los pastorcitos se había verificado. La primera parte se refería a la confirmación de la existencia del infierno. La segunda parte anunciaba que la primera guerra mundial estaba a punto de acabar, pero que durante el pontificado de Pío XI habría estallado otra, aún peor "precedida por una noche iluminada por una luz desconocida"; se decía también que Rusia "habría extendido sus errores por el mundo, promoviendo guerras y persecuciones a la Iglesia".

Todo, por lo tanto, parecía haberse cumplido, incluidos los acontecimientos descritos en la frase que, en un primer momento, se consideró errada, en base a la cual la segunda guerra mundial estallaría durante el pontificado de Pío XI. Según los historiadores, la fecha de inicio del conflicto es el 1 de septiembre de 1939, cuando en el solio pontificio ya estaba sentando Pío XII. Pero en el mensaje se dice que la catástrofe se anunciaría por "una noche iluminada por una luz desconocida": la noche entre el 24 y el 25 de enero de 1938, el cielo de toda Europa se iluminó con una excepcional aurora boreal. Menos de dos meses después, la noche entre el 11 y el 12 de marzo de 1938, precisamente bajo Pío XI, las tropas alemanas invadieron Austria. Hitler hizo arrestar al canciller Kurt Alois von Schuschnigg y el 15 de marzo proclamó la anexión de Austria al Tercer Reich, dando inicio a la tragedia más espantosa del siglo XX.

Lo que siguió es historia reciente. Él, un Papa llegado del Este, dramáticamente marcado por los errores de Rusia. Por lo tanto, ese obispo vestido de blanco . . . El Papa, el 11 de agosto devuelve al cardenal Martínez-Somalo los sobres, que vuelven a entregarse al secreto absoluto del Santo Oficio. El Papa por lo tanto sabe, pero decide callar y de nuevo, el tercer secreto permanece secreto. ¿Qué debe haber influido sobre esta decisión? Tal vez la voluntad del Papa Wotjyla de entender más y mejor Este obispo parece ser él, pero la plaza de San Pedro no es una escarpada montaña y en el centro tiene además un obelisco egipcio, no una cruz de toscos maderos. La ciudad no está en ruinas, no ha muerto nadie, quien le disparó no fue ciertamente un grupo de soldados. Por otra parte, es también verdad que el atentado tuvo misteriosamente lugar en el día del aniversario de la primera aparición de la Virgen en Fátima, y que el mismo Papa se convenció inmediatamente que quien desvió la bala y le salvó la vida fue la mano de la Virgen. En fin, no habló, pero quiso hacer algo extraordinariamente significativo para darle las gracias. El 13 de mayo de 1982, un año después del atentado, el Papa fue a Fátima donde, con un "acto de consagración" dijo: "De modo especial confiamos y consagramos a María a aquellos hombres y aquellas naciones, que tienen necesidad particular de esta entrega y de esta consagración". Delante de la capilla de las apariciones, en presencia del obispo de Leiria, Alberto Cosme do Amaral, declaró: "Hace ya mucho tiempo que tenía intención de venir a Fátima: desde el momento que sucedió el conocido atentado en la plaza de San Pedro, hace un año, al retomar la conciencia mi pensamiento se dirigió inmediatamente a este Santuario, para dejar en el corazón de la Madre celeste mi agradecimiento por haberme salvado del peligro. He visto en todo lo que estaba pasando, no me canso nunca de repetirlo, una especial protección materna de la Virgen. Y en la coincidencia - no hay simples coincidencias en los designios de la Divina Providencia - he visto también una llamada y, acaso, un reclamo a la atención hacia el mensaje que partió desde aquí, hace sesenta y cinco años, a través de tres muchachos, hijos de gente humilde del campo, los pastorcitos de Fátima".

Con un gesto de increíble fuerza simbólica el Papa pidió después que el proyectil disparado por Ağca se incrustara en la corona de la estatua de la Virgen. Con sorpresa para todos, no fue necesario ni siquiera hacer el agujero, porque en la corona ya existía uno dentro del cual el proyectil encajó a la perfección, como si ya hubiera sido previsto. El tiempo no obedece a la prisa de los hombres, el tiempo es un río que fluye y arrastra las cosas según los planes de Dios. El Papa llega para pasar una breve vacación en el lugar que le sugirió don Stanislao y . . . descubre una realidad que, aunque nos ciñamos a los simples hechos, debe haberle penetrado en el corazón, en la oscuridad de la sangre más profunda, en las vísceras.

"Y vimos en una inmensa luz qué es Dios . . ."

La luz fulgurante que golpea las nieves eternas; la dimensión en la cual más se encuentra a Dios.

"Algo semejante a como se ven las personas en un espejo . . ."

Los glaciares que reflejan como espejos.

"Subir una montaña empinada . . ."

La cumbre empinada de nuestra montaña.

"En cuya cumbre había una gran Cruz de maderos toscos como si fueran de alcornoque con la corteza . . ."

La cruz, nuestra amadísima cruz de maderos toscos, comida, tan erosionada por el viento y el hielo que parece corcho.

"El Santo Padre, antes de llegar a ella, atravesó una gran ciudad medio en ruinas . . ."

Lino, Lino, ¿qué había aquí? Barracas, fortificaciones, un torreón . . . parece una ciudad medio en ruinas.

"Apesadumbrado de dolor y pena, rezando por las almas de los cadáveres que encontraba por el camino . . ."

¿Cuántos soldados han muerto aquí, Lino? Digamos una oración.

"Bajo los dos brazos de la Cruz había dos ángeles, cada uno de ellos con una jarra de cristal en la mano, en las cuales recogían la sangre de los Mártires y regaban con ella las almas que se acercaban a Dios".

El hielo estaba rojo de sangre, Santidad, las almas de los soldados volvían a Dios.

Para creer se necesita fe, para amar basta haber llegado al mundo. Para sujetar todas las piezas de mis recuerdos del Papa, he usado sólo el pegamento del amor. Ese era, sencillamente, mi mundo. Alguien había previsto que él llegara. Y es en esto que el Papa reconoció su destino, ahora estoy seguro. Lo miró directamente a los ojos sin miedo. Lo vuelvo a pensar ahora, lo veo de nuevo: veo la expresión de su rostro, en ese momento en el que su humor cambió de golpe. Estábamos precisamente bajo la "vía de los alpinos", veíamos las paredes de roca con los pasajes subterráneos de los soldados, las escaleras de madera, las huellas de ese pasado doloroso, que volvía de golpe.

Allí arriba, en el Adamello, estoy seguro, sentando en ese roca en recogimiento, Dios lo llamó "para informar", pero dulcemente, posando una mano sobre su cabeza. Y él entendió todo, dijo de nuevo otra vez: "Estoy aquí Señor, hágase Tu voluntad". El hombre después se volvió a poner los esquís . . . y el santo se escondió, de nuevo encogido en su corazón. De todas formas, con sus propias palabras nos lo había explicado. Alguien, en una ocasión pública, le había preguntado un día: "Santo Padre, ¿qué es la santidad?".

Su respuesta fue: "Si se pudiera recoger toda la luz del sol en uno, éste brillaría con un esplendor deslumbrante. Pero, ¿quien puede decir la belleza del alma de aquel en el cual Dios habita? El santo es la feliz colaboración del hombre con Dios, artífice de toda belleza. ¡Señor, sólo tengo una vida para realizar todo esto!".

Ahora lo sabemos, esa vida le ha bastado: la noche del 31 de diciembre de 1999, la que marcó el paso al nuevo milenio, la RAI[3] transmitió en mundovisión las imágenes de Cresta Croce, siguiendo el expreso deseo del Papa. Era su bendición *Urbi et Orbe*, en el signo de esa cruz, para millones y millones de hombres. Un gesto emblemático que, hoy, nos aparece claro en su significado, como las palabras que confió al cardenal Angelo Sodano en su mensaje escrito expresamente:

> "Con alegría he sabido sobre la iniciativa de iluminar, en la noche que conduce al cambio de milenio, la grandiosa Cruz en granito que descuella sobre el Adamello. Allí, donde en los años duros de la primera guerra mundial corría la línea del frente y tantos seres humanos cayeron prematuramente, brillará la luz de la Cruz de Cristo, mensaje de paz y de reconciliación, de esperanza y de solidaridad, que inundará valles y montañas. Expreso mi reconocimiento por esta sugestiva iniciativa, agradecido también por las dos ocasiones en las que he tenido la oportunidad de transcurrir algunas horas sobre esas cumbres nevadas, en julio de 1984 y de 1988. Llevo siempre vivas en mi corazón las emociones sentidas entonces. En el contexto del Año Jubilar, el gesto simple y elocuente que se realiza constituye una significativa invitación

3. RAI, Radiotelevisión Italiana (N.T.).

> a fijar la mirada en Cristo y en el misterio de la cruz que ilumina y da sentido a las pruebas de la humana existencia. Que la luz de la Cruz de Cristo, que desde el Adamello se difundirá por los valles de Brescia y Trento, llegue hasta las casas más alejadas y, como la misma guió a los pastores a la Cueva de Belén, del mismo modo conduzca a todos a encontrar el Salvador en el misterio de su amor por nosotros. En este tiempo navideño resuena con especial intensidad el anuncio de los ángeles: "Paz en la tierra a los hombres que ama el Señor" (Lucas 2, 14). La cruz extiende majestuosa sus brazos y a todos estrecha en un permanente abrazo de paz como llamada e invitación a extraer de los valores espirituales energía para construir un mundo más fraterno y solidario, una sociedad finalmente libre del odio y de la guerra. Iglesia de Cristo, bandera de paz que desde las altas cimas de las montañas llamas a dirigir la mirada al cielo, uniendo la historia al eterno, habla al corazón de cuantos te ven, esplendor en la noche y haz sentir que Dios está a nuestro lado y nos ama. Acompaño estos sentimientos con una bendición especial, que de corazón les imparto a ustedes y a las comunidades cristianas de Trento y de Brescia".

Al día siguiente, el 1 de enero del año 2000, el Papa fue a la basílica romana de Santa María la Mayor para abrir oficialmente el Año Jubilar.

VII

REZANDO EN EL POLO NORTE

EN 2001, junto a mi gran, y llorado, amigo Mike Bongiorno, me lancé a otra aventura: una expedición al Polo Norte, que surgió de un encuentro que tuvimos con Juan Pablo II. Había conocido a Mike casi veinte años antes y nuestra amistad había nacido gracias a una pasión común por los perros de trineo. Efectivamente, participamos juntos en la primera carrera en Italia de trineos tirados por perros. La simpatía recíproca fue inmediata y espontanea: él, apasionado como yo del esquí y de la montaña, empezó a desear que yo estuviera a su lado, tanto en su tiempo libre como en ocasión de algunas iniciativas profesionales. Yo sabía que Mike tenía un anhelo en el corazón: ser recibido por Papa Wotjyla, hombre al que admiraba muchísimo.

Mike era un hombre de fe, pero su posición de divorciado hacía más difícil la posibilidad de un encuentro oficial con el Papa. Hice todo lo que pude para explicar a los más estrechos colaboradores del Santo Padre lo importante que era para Mike el encuentro y, al final, se concedió el permiso. Yo mismo le acompañé al Vaticano, junto a su mujer Daniela y sus tres hijos Nicolò, Michele y Leonardo. Fueron recibidos en el apartamento papal, una mañana temprano, para la misa. A Mike le brillaban los ojos de la emoción. Después, al darme las gracias, me dijo: "Me has hecho vivir uno de los días más bellos de mi vida". El Papa y él se entendieron enseguida. Como verdaderos montañeses se pusieron a hablar de esquí y de botas con clavos, porque Mike le había llevado como regalo un par blancas. Wotjyla sabía que estaba en presencia de un hombre de vida extraordinaria, que había visto la muerte de frente en un campo de concentración nazi.

El ceremonial preveía tiempos muy ajustados, pero el Pontífice y Mike no querían separarse. Recuerdo aún su mirada cómplice cuando Mike, bromeando, citó al Papa para ir a esquiar. Y Wotjyla, convaleciente de la reciente fractura en el fémur, dijo con una punta de satisfacción: "Sí, ¡la montaña ha perdido a un gran esquiador!". Después llegó el momento de afrontar el tema de la expedición al Polo Norte. Habíamos decidido llevarla a cabo para celebrar el centenario de otra expedición épica, realizada por Luigi Amedeo d'Aosta, duque de Abruzzo, a principios de siglo. Cuando el Papa lo supo, dijo: "Deben llevar la cruz al Polo Norte, la cruz de Jesús a la latitud más lejana". Mike y yo nos pusimos manos a la obra y llegó el momento de dar vida al sueño. El Papa bendijo en esa ocasión, antes de nuestra partida, una cruz verdaderamente especial, elaborada por el escultor Andrea Trisciuzzi. En el tronco central estaban representadas varias figuras estilizadas, trepando hasta un Jesús crucificado. A medida que se subía, la expresión sufriente de los rostros desaparecía, cediendo el lugar a figuras que mostraban una sonrisa de esperanza. La última efigie, encima, era la del Papa: tenía una mano tendida hacia lo alto y Jesús arrancaba la suya de la cruz para atraerlo hacia sí. En esa aventura nos acompañó también Liberio Andreatta que, siguiendo el deseo del Papa, celebraba cada día la misa en altares improvisados en el hielo, mientras Mike y yo hacíamos de monaguillos. El día de Pascua llegamos al Polo Norte y plantamos la cruz procesional. Pero no fue posible dejarla allí porque los glaciares empezaban a disolverse y habría acabado en cualquier otro lugar. Al final la dejamos en el Museo Naval Ártico de San Petersburgo: de este modo, la cruz del Papa ha llevado su signo de cristiandad al país más ateo del mundo. Mi deseo, ahora, era plantar una copia de esa cruz tan singular también en la cima de una hermosa montaña italiana. Allí arriba, esperando con ansia y alegría el acontecimiento están dos personas: el Papa y Mike. Este último falleció en septiembre de 2009.

El 27 de abril del año 2000, jueves, el cardenal Tarcisio Bertone, secretario de la Congregación para la Doctrina de la Fe, entró en el Convento del Carmelo de Santa Teresa de Coímbra, en Portugal. Estaba allí por cuenta del Papa Wotjyla y le acompañaba el obispo de Leiria, monseñor Serafim de Sousa Ferreria e Silva. El encargo era reunirse en gran secreto con la reverenda hermana Sor Lucía. La encontró lúcida y serena, muy contenta de recibir una carta en la cual el Santo Padre, saludándola, le pedía responder con toda tranquilidad y franqueza a las preguntas del cardenal. Sor Lucía dijo que sería un honor hacerlo y monseñor Bertone le enseño el sobre que contenía el tercer secreto de Fátima.

Sor Lucía: "Es mi carta, es mi letra".

En ese momento el cardenal Bertone le hizo una pregunta concreta: "El personaje principal de la visión, ¿es el Papa?"

Sor Lucía respondió de inmediato que sí y recordó que ella y los otros dos pastorcitos estaban muy apenados por el sufrimiento del Papa y Jacinta repetía: "Coitandinho do Santo Padre, tenho muita pena dos peccadores! » (« ¡Pobrecito el Santo Padre, me da mucha pena de los pecadores! »)".

Sor Lucía continuó: "Nosotros no sabíamos el nombre del Papa, la Señora no nos dijo el nombre del Papa, no sabíamos si era Benedicto XV o Pío XII o Pablo VI o Juan Pablo II, pero era el Papa que sufría y nos hacía sufrir también a nosotros".

La conversación se concluyó con un intercambio de rosarios: a Sor Lucía se le entregó el que le había regalado el Santo Padre y ella, a su vez, entregó algunos rosarios confeccionados por ella misma. Saludándola e impartiéndole la bendición en nombre del Santo Padre, el cardenal

Bertone dijo: "Espero poder verla de nuevo pronto y con buena salud".

Ella: "No, Excelencia, Usted no me volverá a ver viva. Pero vendrá a bendecirme".

Tenía noventa y tres años; viviría aún otros cuatro más. En sus últimos tiempos, no habiendo perdido el don de una sutil ironía, afirmó: "La Virgen dijo que permanecería aquí durante algún tiempo, pero ahora ¡ha pasado ya demasiado!".

Pocos días después de su encuentro con el cardenal Bertone salió del convento de clausura con gran alegría para volver a Fátima, en ocasión de la beatificación de Francisco y Jacinta. Allí se reunió con el Santo Padre y entre los dos surgió de inmediato una extraordinaria comprensión y un afecto espontáneo, intactos hasta el final. Se escribían a menudo y quienquiera que les haya visto juntos, habrá podido observar que ambos vivían en una dimensión sobrenatural, dotados de los dones carismáticos propios de los santos. En la homilía de la misa de aquel 13 de mayo del año 2000 (decimonoveno aniversario del día del atentado), el Papa citó a Mateo: "Te alabo, Padre, Señor del cielo y de la tierra, por haber ocultado estas cosas a los sabios y a los prudentes y haberlas revelado a los pequeños". (Mateo 11, 25). En el viaje de vuelta, el Papa se sentía muy feliz y repetía: "Finalmente he hecho lo que debía hacer. He beatificado a Francisco y Jacinta".

Sor Lucía, que cuando era joven se había ocupado del huerto, había sido maestra, había bordado y se había ocupado de muchas otras cosas con gran y serena dedicación, en los últimos tiempos estaba privada del uso de las piernas. Fue su hermana en la comunidad religiosa, Sor María Celina, muy cercana a ella, quien narró el final de su vida extraordinaria:

"Cuando sus condiciones en el invierno del 2003 se tornaron más delicadas, se avisó a Juan Pablo II, que le envió un mensaje y su bendición. Estaba ya bastante mal y me pidió tener cerca la figura de la Virgen de Fátima que le había sido donada por el mismo Santo Padre. Se la acercó a los labios y la besó. ¡Fue el último beso! Le leí el texto del mensaje del Papa en el oído, pero ella extendió la mano, quiso agarrar la hoja que apoyó en sus rodillas, a la altura de la cintura. Intentó hablar sin conseguirlo. A partir del mediodía del 13 de febrero empezó a "marcharse". Cada vez le era más difícil respirar. Continuó empeorando y por la tarde llegó también el obispo, monseñor Albino Cleto, que empezó las oraciones: todas las hermanas estaban en la pequeña celda. En un momento determinado, los ojos que habían contemplado tantas veces lo invisible se volvieron a abrir. Se giró hacia la derecha y los fijó en mí. No puedo describir la profundidad de esa mirada. ¡Fue conmovedor! Puse el crucifijo en la dirección de sus ojos. Volvió a cerrarlos. ¡Fue su despedida! Era el día 13 (¡de nuevo este número!) del año 2005. Exactamente las 17.24 horas. ¡Los tres pastorcitos se reunieron en el cielo!".

En 2003, acercándose el día del vigésimo quinto aniversario de su pontificado, Juan Pablo II expresó el deseo de incrustar las dos primeras medallas acuñadas para el aniversario a los pies del monumento erigido en la Cresta Croce. La bala que le había perforado el intestino había querido engarzarla en la aureola de la Virgen de Fátima; la banda blanca, ensangrentada, que llevaba alrededor de la cintura el día del atentado la donó al santuario polaco de Jasna Góra y las medallas de su pontificado quiso que estuvieran en nuestra cruz de granito en el Adamello. ¿No hay un hilo conductor lógico en todo esto? Una de sus medallas representa justamente una escultura del Papa Wotjyla con una mano tendida hacia una Virgen con el Niño en la parte superior. Lleva escrito: *Joannes Paulus PP. Anno XXV Pontificatus.*

La otra, en cambio, representa a Jesús con un brazo en alto y muchas almas que se acercan a Él: la que está más arriba representa a un soldado con el yelmo, uno de los tantos caídos allí arriba. El texto de esta última representa, de nuevo, su acto de fe: la profesión del "credo" gritada al mundo. Se refiere, efectivamente, a un pasaje del Evangelio de Mateo (16, 16): "Tu eres el Mesías, el Hijo de Dios vivo".

Inmediatamente después de la muerte de Lázaro, Jesús le dice a su hermana Marta: "Yo soy la Resurrección y la Vida. El que cree en mí, aunque muera, vivirá: y todo el que vive y cree en mí, no morirá jamás. ¿Crees esto?». Ella le respondió: «Sí, Señor, creo que tú eres el

Mesías, el Hijo de Dios, el que debía venir al mundo" (Juan 11, 25-27).

En febrero de 2005, dos meses antes del fallecimiento del Papa, monseñor Bertone tuvo que volver a Portugal. Tal como había predicho Sor Lucía, volvió a bendecirla y a celebrar su funeral. Llegaron mensajes de todo el mundo y enseguida se empezó la recogida de documentos para iniciar su causa de beatificación. También la salud del Papa había ido empeorando en esos años. En 2001, como ya he indicado en este libro, se le diagnosticó la enfermedad de Parkinson y, en 2003, el Vaticano confirmó oficialmente la noticia. Le pedía a menudo a don Stanislao información sobre el tratamiento que se le prescribía al Papa. Reaccionaba bien a cada cambio de terapia, parecía estar mejor, la enfermedad parecía retroceder pero . . . volvía a empeorar. Él no hablaba nunca de ello. Con esfuerzo aceptaba que se le ayudase también en las más sencillas obligaciones diarias: comer, vestirse. Era orgulloso y digno. Se enfrentaba al dolor en silencio y sin quejarse. Me ha quedado grabada en la mente una imagen muy tierna: estábamos en Les Combes d'Introd, en el Valle de Aosta. Era el mes de julio de 2004 y el Papa no había querido renunciar a sus habituales días de vacaciones en la montaña. Con el tiempo habíamos excluido los senderos en subida, pero después, si el terreno en llano era accidentado, evitábamos que caminara. Lo llevábamos en jeep hasta un claro, un rincón tranquilo y accesible, y él se contentaba con estar allí, en la quietud.

Lo vuelvo a ver: un prado muy verde, el sol indirecto de una larga tarde de verano y él sólo, sentado con el breviario en las manos. Una imagen de extraordinaria armonía, parecía ser todo uno con ese entorno. Fue su último verano, fueron sus últimas vacaciones. Durante el *Ángelus* en una iglesia del lugar, uno de esos días había dicho: "Agradezco a Dios por la majestuosa belleza de la creación. Le doy las gracias por su belleza misma, de la cual el cosmos es como un reflejo, capaz de fascinar a las almas atentas empujándolas a alabar su grandeza". En 2002 lo había visto feliz como un niño por el éxito de una iniciativa que llevamos a cabo en el Vaticano. Un concierto en la Sala Nervi con motivo del Año Internacional de la Montaña. Fue una noche especial, una excepción para él que desde hacia tiempo ya no asistía a actos de ese tipo a causa de sus condiciones de salud. Se había compuesto el *Himno a las cumbres*, una hermosísima pieza musical y, tengo que decir, que ideamos un método de ejecución más bien original. Era una transmisión en directo, a través de mundovisión, y mientras la orquestra en la Sala Nervi tocaba, el coro interactuaba desde el Santuario del Monte Lussari y la soprano desde el Gran Sasso de Italia. Imágenes de gran belleza y para él, de una gran y sentida alegría.

Dos años antes había sucedido algo verdaderamente importante, un acontecimiento que había suscitado estupor en el mundo entero.

Una vez oídas todas las respuestas positivas y clarificadoras dadas por Sor Lucía al cardenal Bertone,

Juan Pablo II tomó su decisión: revelar al mundo el tercer secreto. Había llegado el momento, sentía que no tenía que retrasarlo más. La revelación fue hecha pública mediante una rueda de prensa en la sobria Sala de Prensa Vaticana, que para la ocasión fue decorada con helechos y rosas salvajes amarillas y blancas. Era el 26 de junio del año 2000. La responsabilidad de decir al mundo entero lo que había permanecido escondido durante cincuenta y seis años la asumió sobre sus hombros Joseph Ratzinger, el futuro Papa Benedicto XVI. Siempre he sabido que entre los dos existía una relación de extraordinaria confianza: se entendían casi sin hablar. Fue, por lo tanto, el sucesor de Juan Pablo II en el Solio Pontificio quien editó la publicación de un fascículo titulado *El mensaje de Fátima*, acompañado por un amplio comentario teológico. Fue el mismo cardenal Ratzinger quien declaró: "Es una revelación privada, nadie está obligado a creer en la 'profecía' de Fátima, que permanece como una 'revelación privada', pero es creíble. El obispo vestido de blanco que el secreto muestra 'muerto' es el Papa Juan Pablo II después del atentado de 1981. Él se ha reconocido en esa figura y considera haber sido salvado por Nuestra Señora, y yo comparto la opinión del Papa".

En el curso de la rueda de prensa, transmitida en directo por Raiuno y seguida en mundovisión en más de cuarenta países extranjeros, alguien preguntó por qué se había esperado tanto tiempo antes de revelar el secreto. El cardenal Ratzinger, que entonces ocupaba el cargo de

Prefecto de la Congregación para la Doctrina de la Fe, respondió que antes del atentado "no decía nada". Y que inmediatamente después "quizás aún no era el momento justo". A quien observó la contradicción entre el Papa del secreto (muerto) y Juan Pablo II (que se salva), Ratzinger responde: "La visión no es la película de un futuro irremediablemente fijado, tiene un valor simbólico y señala una amenaza, y tiende a movilizar las fuerzas que puedan anularla".

Concluyó el cardenal Bertone declarando: "La decisión del Santo Padre Juan Pablo II de hacer pública la tercera parte del «secreto» de Fátima cierra una página de la historia, marcada por la trágica voluntad humana de poder y de iniquidad, pero impregnada del amor misericordioso de Dios y de la atenta premura de la Madre de Jesús y de la Iglesia".

Debido a mi cargo de director de la Fundación para la Montaña, los últimos años de vida del Papa estaba más a menudo en Roma. Lo iba a ver con regularidad y me di cuenta que encontraba siempre algún momento, aunque fuera breve, para compartir conmigo las novedades respecto a lo que yo estaba haciendo o para tener noticias de mis familiares. El último miércoles de 2005, en la audiencia general en el Vaticano, estábamos mi hermana Miriam, algunos amigos, yo y, además, miembros de algunas familias que desde hacía tiempo me pedían poder ir a verle. Estaba también el pequeño Luca, el hijo de Miriam. El Papa se acordó que fue él quien lo bautizó y lo atrajo hacia sí, abrazándolo con el afecto de un abuelo.

Algunos días después, el 31 de ese mismo mes, fui a Milán a ver a algunos de esos amigos que habían estado con nosotros en el Vaticano. Quería llevarles las fotos que nos retrataban con el Papa. Me quedé a cenar y después decidí partir hacia el Valle Camonica, donde vivo. Había casi llegado cuando, de repente, vi que un automóvil, intentando un adelantamiento, perdía el control y se me venía pavorosamente encima. Intenté maniobrar para evitarlo, pero no hubo nada que hacer. Recuerdo mi automóvil rebotando dando media vuelta, el ruido de las láminas y el sentido de impotencia mientras percibía todo nítidamente. En un momento dado pensé: "A lo mejor estoy ya muerto y no me doy cuenta".

Quien me aclaró la duda fue el conductor del automóvil que llegaba en ese momento. En la oscuridad de la noche me llamaba, pero yo no podía moverme, estaba bloqueado dentro del automóvil. Oí su voz excitada hablando por teléfono, mientras pedía auxilio decía: "Un conductor ha muerto al instante, el del otro automóvil está aún vivo, pero dense prisa porque no tiene buen aspecto". Me desperté en el Servicio de Reanimación, con fracturas múltiples y golpes en la cabeza. La lesión más grave, sin embargo, concernía a mis extremidades: tenías los huesos de los pies completamente aplastados. Los médicos me dijeron claramente en cuanto me encontré un poco mejor que las posibilidades de volver a caminar eran escasas y que para intentarlo habría que realizar una serie de operaciones de microcirugía. Efectivamente, estuve seis meses en una silla de ruedas. En esa noche caótica, a muchos kilómetros de distancia de mí, sucedió algo igualmente malo. Media hora después de mi accidente, Karol Wotjyla se sintió muy mal: una carrera al hospital y el inicio de un largo, terrible calvario con la necesidad de practicarle, al poco tiempo, una traqueotomía para que pudiera respirar.

De nuevo, su destino y el mío se habían cruzado. Lo supe casi enseguida y no me sorprendió mucho. Pensé que en el fondo, hay un límite muy débil entre la vida y la muerte, hay partidos que se juegan allí arriba, batallas celestes con ángeles y diablos y nosotros, aquí abajo, no sabemos nunca quien gana. Sencillamente, se nos concede hacerlo lo mejor que podamos: adaptarnos. Recuerdo con gran tristeza los días siguientes: aquellos en los que se saltó, por primera vez en sus veintiséis años de pontificado, la ceremonia del Miércoles de Ceniza. Y el 27 de marzo, día de Pascua, el primero en que no pudo oficiar la misa. Se asomó a la ventana, intentó hablar, pero no lo consiguió. Esa noche del 2 de abril de 2005 estaba en casa, sentado en el sofá. Hacía pocos días que había empezado a dar algunos pasos apoyado en las muletas. Vivía con la televisión encendida, siempre esperando esa noticia. Días que pasaban con dificultad. Lo que no hubiera querido escuchar jamás, llegó ese 2 de abril sobre las diez de la noche: el Papa, anunciaron, había vuelto a la casa del Padre. Todo el mundo lo lloraba preso de una profunda conmoción. Yo no, no lloré, tenía sólo un pensamiento: tenía que ir a saludarlo, tenía que conseguir estar en condiciones de llegar a Roma. No fue fácil. Recuerdo que de los dedos de los pies me salían tirantes de acero, a consecuencia de una serie de intervenciones mediante las cuales me estaban recomponiendo las fracturas. No sé cómo, pero conseguí hacerlo.

Llegué la tarde anterior al funeral, el 7 de abril. Roma estaba asediada, una ciudad trastornada por el acontecimiento. Fui al Vaticano, una automóvil azul me llevó detrás de la Basílica, por la parte donde entran los jefes de Estado, las autoridades. Del automóvil delante del mio salió la familia real española. Me sentí fuera de lugar: yo no era un monarca, era sólo un "montañés", su "apóstol de las montañas". Don Stanislao me vio y vino inmediatamente a mi encuentro. Tenía los ojos brillantes y se conmovió diciéndome: "Lino, de nuevo Juan Pablo te ha salvado, estoy seguro de ello".

El actual arzobispo de Cracovia no es un hombre que dice las cosas así, por decirlas . . . Sencillamente había tenido confirmación de lo que, dentro de mi corazón, yo ya sabía: "mi amigo" el Papa me había salvado milagrosamente. Saliendo, miré hacia arriba, al cielo de Roma donde habían aparecido nubes que tomaban el reflejo de muchos colores, sobre todos ellos un oro jaspeado: un espectáculo magnífico que, sin embargo, no consiguió consolarme. A la mañana siguiente, en la plaza de San

Pedro estaba sentado detrás de los cardenales y veía bien el féretro. Lo habían apoyado sobre una alfombra adamascada. A ambos lados el cirio pascual y un crucifijo. Sobre el ataúd ese Evangelio con las páginas movidas por un viento imperioso, que desde hacía algunas horas azotaba a Roma.

"El viento sopla donde quiere: tú oyes su voz, pero no sabes de dónde viene ni a dónde va. Lo mismo sucede con todo el que ha nacido del Espíritu" (Juan 3, 8).

A él me dirijo con el pensamiento para decir: el viento simboliza el Espíritu Santo y no soplaba por casualidad ese día, lo hemos pensado todos. Soplaba por ti. Soplaba porque tú, del Espíritu Santo, has tenidos los siete dones: sabiduría, intelecto, consejo, fortaleza, ciencia, piedad, temor de Dios. Bueno, no. Lo último no, porque tú no has tenido nunca miedo de Dios, por esto nos decías que no lo tuviéramos. Mientras el cardenal Ratzinger celebraba la misa, en lo que es la plaza había más de setenta mil personas y un silencio irreal . . .

De nuevo ese silencio único, tu silencio, el mismo de entonces: "Lino, busquemos un lugar tranquilo. El Santo Padre quiere estar un poco solo . . ." Y todo enmudeció: nosotros los hombres, la naturaleza, las aves y todas las cosas visibles e invisibles . . . También ese día en la plaza de San Pedro la gente reconoció tu silencio y lo respetó. Absolutamente.

Por todos ellos hablaba, sin embargo, una pancarta extendida por la multitud: "Santo Enseguida".

Han pasado seis años desde ese día, también mi vida ha ido hacia adelante, sin él. No puedo decir que lo he echado de menos, en el fondo siempre lo he llevado dentro de mi, no he dejado que se fuera, como cada gota de mi sangre. Si tengo un problema hablo con él y su voz me responde. Sonrío pensando cómo conseguirá responder a todos, porque son millones en el mundo los que se dirigen a él en todas las latitudes. Lo ha hecho también una religiosa que hoy tiene cuarenta y seis años. Se llama Marie Simon-Pierre, es francesa y su curación inexplicable se atribuye a la intercesión del Papa Wotjyla. Tenía la enfermedad de Parkinson como él, pero ciertamente no es la única que afirma haber recibido una gracia por su parte. Hay una larga lista de testimonios entre los documentos recogidos por el postulador. Mientras tanto el 1 de mayo el mundo entero celebrará su beatificación, pero para nosotros, para todos nosotros ya es santo. “Lino, Lino, ¿cuándo sentarás la cabeza?”. Ahora, ese “trabajo” me parece que ya lo he hecho. Hace tres años conocí a Alba, la mujer que de golpe me ha hecho comprender porqué había huido frente a una elección definitiva: ¡porque la esperaba a ella!

El pasado mes de septiembre la he llevado al altar en una pequeña iglesia de nuestra comarca. Celebró mi matrimonio el cardenal Giovanni Battista Re, también él un orgulloso montañés. Para un católico decir “para siempre” es un valor importante. Junto a mí, escuchando esa promesa, además de los testimonios obligatorios, había otro más y sonreía de este modo suyo tan especial. Mi hermano Franco y yo, cuando teníamos 14 ó 15 años hacíamos solos lo que antes habíamos hecho con papá: prepararnos para las labores de auxilio alpino. Él descendía para poner los arneses a las personas que había que socorrer, y yo me ocupaba de plantar los clavos en el hielo, poner los mosquetones y tirar hacia arriba. Así hemos salvado a mucha gente, él y yo éramos ya una maquinaria bien engrasada. Si pienso en ello ahora siento el miedo en el estómago, en las piernas: estábamos solos, a menudo por la noche, y las rocas parecían guerreros que avanzaban. Pero entonces no teníamos miedo: hacíamos lo que se debía hacer y basta, sin pensarlo demasiado.

Miedo, más bien auténtico terror, lo he sentido cuando Franco me dijo unos meses antes de mi boda: "Me he hecho análisis, porque estaba siempre cansado: tengo leucemia". Me quedé mirándole incrédulo: "¿Cómo leucemia?".

Franco el invencible, el que no se quedaba nunca sin aliento. "Perdona, amor", - le dije a mi Alba, - "pero el viaje de bodas tengo que hacerlo yendo al hospital . . . nos reharemos". En el Hospital Niguarda de Milán me hicieron todos los análisis y estaba preparado para "dar" a mi hermano un poco de mi vida con un trasplante de médula. Lo hice pensado: "Aún soy el mayor, soy el que decide. Y he decidido salvarlo, se acostumbrará . . ." Después fui a Roma, a las Grutas Vaticanas, a la tumba de mi amigo el Papa, a rezar con su rosario en la mano. El último que me regaló, hecho de pequeñas piedras opalescentes y blancas. Él no sabía que decirme . . . callaba. Hay un nicho frente a la tumba, frente al sepulcro de la reina de Suecia, fallecida a finales del siglo XVII. Me situé allí a mirar la fila incesante . . . las caras de los japoneses, incluso ellos respetuosos, en silencio, con los ojos invadidos por la conmoción, las cámaras fotográficas guardadas porque no se pueden hacer fotografías. Me fui con el miedo doblándome las piernas: había entendido, había sentido su voz hablándome, entre nosotros el diálogo, aunque a distancia, funciona todavía. Esto ha sucedido en estos días en que deshilvano los recuerdos y los pongo sobre papel, lo vuelvo a ver en miles de momentos, en miles de circunstancias. De golpe he entendido porqué el destino ha querido que estuviese en su compañía cuando ha sucedido. Era su manera de ayudarme porque sabía que Franco forma parte de mí. En su funeral, la pequeña iglesia de Temù estaba atestada.

He puesto en orden mis pensamientos: "Es verdad que el amor se descubre sólo amando. Y hoy, sólo hoy, me estoy dando cuenta de cuanto te he amado, de cuanto te hemos amado. "Hermanos", una palabra que resume mucho, que encierra un mundo hecho de tantos días, uno detrás del otro, llegando a componer estos años, estas vidas. Miro hacia atrás un momento: nosotros estamos aún ahí, sobre nuestro Adamello. Una extensión de hielo incendiado por esa luz dulce y rosa del ocaso y nosotros dos allí. Callados, sin hablar, más bien incesantemente ocupados en hacer: carreras, juegos, escaladas, árboles, piedras, fuegos y bajadas todas de golpe, toda una vida para devorar golosamente con la voraz prepotencia de la edad. Nuestro gimnasio era ese mundo especial, con el infinito del cielo cubriendo esas largas jornadas, densas de vida, olores, pruebas, retos, de una inconsciente y enorme felicidad, que sólo hoy me parece tal. Sabes, Franco, creo que no te lo he dicho nunca, pero las emociones más fuertes, más hermosas, las más radicadas en la memoria las he sentido contigo. En esas jornadas soleadas allí arriba, donde Dios se hacía árbol, monte, torrente, fuente o batir de alas. Y estoy seguro, también Él jugaba con nosotros. He intentado siempre protegerte, aunque únicamente tenía un año más, yo era el mayor, el abrepistas, el precursor, pero ahora lo sé, que cuando me giraba hacia atrás era de ti que volvía a tomar las fuerzas y las ganas de ir siempre hacia adelante. Sabes que también esta vez he intentado protegerte. Lo he hecho sin dudarlo, he esperado, he rezado, he llorado. Por lo tanto, ahora, ¿me debo considerar totalmente fracasado? No, en cambio no. Porque te he amado y tanto me has amado también tú. Sé que no me debe faltar el coraje de imaginarte feliz allí adonde te diriges. Me parece verte: te han salido al encuentro los que ya se han ido, todos te acogen, te festejan. Y después está la mano de uno especial, que ha tirado de ti hacia arriba, a la presencia de Dios. Está aún vestido de blanco, ha sido el Papa de todos y todos lo consideramos ya Santo. Lo sabes Franco, te amaba y a Él te confío. Mientras, yo continuaré pensando en ti durante todos los días que vendrán".

Querido lector, ahora puedo hacerte una pregunta: ¿conoces una montaña? ¿No? Entonces búscala, encuéntrala. Llega a la cima, en un día que te parezca que no lo conseguirás. Busca un lugar en el cual los ojos puedan hurgar el absoluto, en el cual el cielo sea un espectáculo privado sólo para ti. Siéntate. Respira fuerte, lentamente, traga todo el aire, saboreándolo como hacía tiempo que no lo hacías. Mira delante de ti hacia el infinito: y solo entonces prepárate para expulsar la rabia, la desilusión, el miedo y el descontento. Es una molestia inútil. Haz que haya silencio, el mismo silencio suyo. Alguien se pondrá a la escucha. No preguntes, no propongas, no pienses. Sencillamente ponte a la escucha. Tendrás de golpe una percepción, entenderás algo que no captabas, algo con lo que no sabías que podías contar. Comprenderás que tienes una gran suerte escondida en el bolsillo: tu vida, porque estas en el mundo y estas allí . . . y no es poco. Esa belleza de tu alrededor de repente te tocará el corazón. Es tuya, te pertenece, eres el amo absoluto. Y formas parte de ella. ¿Crees? ¿No crees? Poco importa.

Busca su recuerdo, busca su voz, busca su sonrisa. Vendrá. Él sabía como hacer bajar del cielo a Dios, lo tomaba de la mano y lo traía aquí. Tenlo un poco cercano, hazle sitio a tu lado y espera aún sin prisa. Después mira de nuevo a tú alrededor y mira dentro de ti: todo será como antes, pero nada será como antes. Ese lugar será tu santuario, vuelve todas las veces que lo necesites. Él y la montaña te enseñarán a amar y a amarte.

De repente también yo siento la urgencia de estar allí. Para llegar antes tomo el funicular en el Paso Tonale, bajo y sigo a pie desde allí. Empiezo a atravesar el glaciar del Presena, llego al Paso del Marocarro, desde allí se abre, al improviso, la extensión de los hielos permanentes del *Pian di Neve*. Me falta el aliento, es un momento. Después respiro fuerte y vuelvo a andar: bajo al valle, caminando con fuerza durante una hora hasta el Refugio Mondrone. Después, de nuevo se empina la subida hacia la Lobbia, hacia casa, hacia la parte de mí que dejo siempre allí. En un momento dado abandono el camino sobre las rocas y afronto el último trecho, es como ir a ver de nuevo a una enamorada, pero quien me espera es el glaciar. Veo el refugio y me parece un espejismo, sigo caminando y caminando, me parece que no llego nunca. Es como si jugase a huir de mí, a escalar también él. Cuando pienso que no lo conseguiré, se rinde y me consuela, parece decirme: "¿Lo ves? Alcánzame, aún estoy aquí". Últimos doscientos metros sobre las rocas agudas de la morena y lo consigo. Me siento y tomo aliento en el banco, sobre esa terraza asomada al mundo. De golpe ha llegado la noche. Miro hacia arriba y sobre ese aterciopelado azul aún brillan las estrellas. Las miro. Me parece reconocer la gran Betelgeuse, y después Sirio y Rigel.

¿Y tú? ¿Me miras Lolek? ¿Me miras Karol? ¿Me miras Santo?

Cierro los ojos y estás. En este trozo de montaña has dejado un signo . . . es una Cruz.

CRONOLOGÍA DE LOS HECHOS

El 13 de mayo de 1917 (presten atención a la fecha) la Virgen se aparece en Fátima a los tres pastorcitos Jacinta, Francisco y Lucía.

El 13 de julio de 1917, durante la tercera aparición, la Virgen entrega a los niños el secreto.

El 3 de enero de 1941, la tercera parte del secreto es puesta por escrito por orden de Su Excelencia el obispo de Leiria.

En 1942 se revelan la primera y la segunda parte del secreto, que predecían la visión del infierno, la revolución soviética, la segunda guerra mundial, la expansión del comunismo y las persecuciones a la Iglesia. La tercera parte del secreto permanece envuelta en el misterio. Existe un solo manuscrito y para proteger el secreto el sobre es entregado el 4 de abril de 1957 al Archivo Secreto del Santo Oficio.

El 17 de agosto de 1959 el comisario del Santo Oficio, padre Pierre Paul Philippe, llevó al Papa Juan XXIII el sobre que contenía la tercera parte del "secreto". Su Santidad, después de algunos titubeos, dijo: "Esperemos. Rezaré. Le informaré sobre mi decisión".

En realidad, el Papa Juan XXIII decidió volver a enviar el sobre sellado al Santo Oficio y no revelar aún la tercera parte del secreto.

El 27 de marzo de 1965, el Papa Pablo VI leyó el contenido junto a Su Excelencia monseñor Angelo dell'Acqua y volvió a enviar el sobre al Archivo del Santo Oficio con la misma decisión de no publicar el texto.

El 13 de mayo de 1981 el mundo está conmocionado: en la plaza de San Pedro se ha herido de muerte al Papa, quien parece haberse salvado sólo por un "extraño" cambio de trayectoria de la bala.

El 18 de julio del mismo año, ligeramente recuperado de las trágicas consecuencias del atentado, pide que se le entreguen los dos sobres (uno contiene el original redactado por Sor Lucía en portugués, el otro la traducción en italiano), lee el contenido y los conserva consigo hasta el 11 de agosto, día en que decide entregarlos de nuevo al Santo Oficio. Otra vez, se atiene a la más absoluta reserva sobre el "tercer secreto".

Transcurren tres años y el 16 de julio, a las 10.15 horas de ese lunes, el Papa Wotjyla y su amigo, el presidente Sandro Pertini llegan al Adamello, acogidos en gran secreto por la familia Zani, que gestiona desde hace muchos años el Refugio *Ai caduti del Adamello*, y otras pocas personas. El Papa esquía durante una hora guiado por Lino Zani, su hermano y otras pocas personas.

Después vuelve a comer al refugio, donde la madre de Lino ha preparado: entremeses variados con jamón, salami y *carpaccio*, "strozzapreti" (será Pertini quien se atreverá con la broma: "Santidad, hoy le eliminamos"), *risotto*, roast-beef con ensalada, queso, frutos del bosque y pastel de frutas. Todo regado con vino Tocai blanco y grappas locales.

Después de la comida el Papa se despide de Pertini, que debe volver a Roma, y acompañado por Lino y los hombres de su seguridad, vuelve a esquiar.

Llegados a la Cresta Croce el Papa pasó por un torreón, resto de una ciudadela fortificada creada por los alpinos durante los sangrientos combates de la primera guerra mundial. Desde allí ve una cruz (el torreón que hoy se utiliza como observatorio está a una distancia aproximada de cien metros de la cruz), formada por dos toscos maderos con la corteza tan descolorida que parece corcho, idéntica en todo a la descripción contenida en el tercer secreto. Queda muy impresionado y empieza a preguntar a Lino desde cuando esa cruz está allí, quien la ha puesto y si de verdad, en esa precisa porción de terreno, han sido enterrados muchos cadáveres de pobres soldados, fallecidos no sólo por los combates de arma blanca sino también por los sufrimientos, la falta de alimentos y el frío. Pasa bastante tiempo recogido en oración. Después empieza a pedir informaciones concretas y confía al mismo Lino un hecho: precisamente en esa zona también su padre Józef participó en operaciones militares en condiciones terribles durante la primera guerra mundial. A las 19 horas el Papa, con la pequeña comitiva, vuelve al refugio de los Zani, donde pasará la noche.

Sin duda, a partir de esa tarde el Papa se siente muy unido a ese territorio, hasta el punto de hacer construir una gran cruz de granito con un altar, en sufragio de esos pobres soldados caídos y aún enterrados bajos los hielos permanentes (de vez en cuando, de hecho, en ese territorio salen a la luz los pobres restos de los militares).

Juan Pablo II vuelve allí en 1988 con el fin de bendecir el altar de granito construido a 3.307 metros, justamente sobre la Cresta Croce. Un poco más abajo aún está el cañón 149G transportado allí por los alpinos en 1917, convertido en el símbolo de esos sangrientos combates.

En el fin de año que marcaba el cambio de milenio, Juan Pablo II quiso confirmar con una ceremonia religiosa transmitida a través de Mundovisión el valor simbólico de ese altar y de esa cruz granítica construidos sobre el Adamello.

El 13 de mayo del 2000 el Papa llega a Fátima para beatificar a Jacinta y a Francisco y es el cardenal Angelo

Sodano, Secretario del Estado Vaticano, quien anuncia oficialmente: "En la solemne circunstancia de su venida a Fátima, el Sumo Pontífice me ha encargado dar un anuncio. Como es sabido, el objetivo de su venida a Fátima ha sido la beatificación de los dos "pastorinhos". Sin embargo, quiere atribuir también a esta peregrinación suya el valor de un renovado gesto de gratitud hacia la Virgen, por la protección que le ha dispensado durante estos años de pontificado. Es una protección que parece que guarda relación también con la llamada "tercera parte" del secreto de Fátima".

El siguiente 26 de junio del 2000 se convoca una rueda de prensa en el Vaticano, al final de la cual se "publica" el tercer secreto junto a un comentario escrito por el cardenal Ratzinger y monseñor Tarcisio Bertone, titulado *El mensaje de Fátima.* La contribución redactada por el cardenal Ratzinger y monseñor Bertone afirma: "La decisión del Santo Padre Juan Pablo II de hacer pública la tercera parte del «secreto» de Fátima cierra una página de historia, marcada por la trágica voluntad humana de poder y de iniquidad, pero impregnada del amor misericordioso de Dios y de la atenta premura de la Madre de Jesús y de la Iglesia".

En 2003, de nuevo un gesto de alto valor simbólico: el Papa hace incrustar a los pies del monumento levantado sobre la Cresta Croce las dos primeras medallas que celebran el cumplimiento de su vigésimo quinto aniversario de pontificado y renuevan su acto de fe. Después de la bala disparada por Ağca y extraída de su cuerpo puesta en la corona de la Virgen en Fátima; de la banda ensangrentada que llevaba en la cintura el día del atentado, donada al santuario polaco de Jasna Góra, otra elección para un significado preciso: el Papa Wotjyla, un hombre destinado a un proyecto de santidad.

Hoy, ante la inminente beatificación del Papa Juan Pablo II, Lino Zani se dispone a contar íntegramente, con fiel precisión y espíritu de auténtica y cristiana conciencia, la historia humana y espiritual que lo ha unido en una relación verdaderamente excepcional con el Papa más amado por la gente. Recorriendo con el hilo de la memoria esos extraordinarios veintiún años con el Santo Padre.

Y, sobre todo, testimoniando todo lo que, de forma implícita, ha inducido a Juan Pablo II a exhortarlo diciéndole antes de su partida hacia una de sus escaladas hasta los ocho mil (exactamente la que llevó a cabo a la cumbre tibetana del Cho Oyu): "Tú, Lino, debe ser nuestro "apóstol de las montañas", levantar cruces sobre las cimas más alta, en todas las latitudes, por la Gloria del Señor".

Y Lino Zani ha obedecido, haciendo bendecir antes de cada uno de sus viajes una cruz por el Papa y llevando este símbolo de la cristiandad hasta el Polo Norte (expedición efectuada con Mike Bongiorno), cumpliendo, de hecho, este extraordinario compromiso sigue su curso.

SAINT BENEDICT PRESS

Saint Benedict Press publica libros, biblias y productos multimedia que exploran y defienden la tradición intelectual católica. Nuestra misión es presentar las verdades de la fe católica de una manera atractiva y comprensible.

Fundada en el año 2006, nuestro nombre rinde homenaje a la influencia y guía de San Benito y a los monjes benedictinos de Belmont Abbey, los cuales se encuentran no muy lejos de nuestra sede central en Carolina del Norte.

Saint Benedict Press hace publicaciones bajo varias marcas. Nuestra marca TAN Books (TANBooks.com), publica más de 500 libros en teología, espiritualidad, devociones, doctrina de la iglesia, historia y la vida de los santos.

Nuestra marca Catholic Courses (CatholicCourses.com) publica cursos de audio y videos con algunos de los más reconocidos catedráticos del mundo en el área de teología, filosofía, Sagrada Escritura, literatura y mucho más.